居里夫人自传

[法] 玛丽·居里　著
赵蓓　译

古吴轩出版社

图书在版编目（CIP）数据

居里夫人自传 /（法）玛丽·居里著 ; 赵蓓译. --
苏州 : 古吴轩出版社, 2020.4（2023.4重印）
（名人名传书系）
ISBN 978-7-5546-1484-6

Ⅰ. ①居… Ⅱ. ①玛… ②赵… Ⅲ. ①居里夫人
(Curie, Marie 1867-1934) —自传 Ⅳ. ① K835.656.13

中国版本图书馆 CIP 数据核字 (2019) 第 276194 号

责任编辑：顾　熙
策　　划：崔付建　秦国娟
装帧设计：鸿儒文轩

书　　名：居里夫人自传
著　　者：[法] 玛丽·居里
译　　者：赵　蓓
出版发行：古吴轩出版社
地址：苏州市八达街118号苏州新闻大厦30F
电话：0512-65233679　　邮编：215123
印　　刷：三河市华东印刷有限公司
开　　本：880×1230　1/32
印　　张：5.5
版　　次：2020 年 4 月第 1 版
印　　次：2023 年 4 月第 2 次印刷
书　　号：ISBN 978-7-5546-1484-6
定　　价：38.00 元

目录

CONTENTS

第一篇

我的自传

第一章

我的家庭

我的美国朋友们建议我把自己的生活经历写下来。刚开始，我很难接受这个建议，但最后还是被说服了。然而，我这本简略的传记并不能表达出我一生中全部的感受，也没办法详细描述我曾经经历过的所有事情。曾经的许多感受随着岁月的流逝逐渐淡去，它们慢慢变得模糊不清，甚至变得那样陌生；曾经的许多经历也变得不再那么有趣，就像是发生在别人身上的事情，逐渐失去了当初的魅力。人生总是在一些坚定的信念和强烈的情感的支配下，沿着一条主线前行。有了这一主线，就会明白当时为何采取此种做法而非其他做法，并从中显示出当事人的性格特征等各方面情况。本传记讲述了我自己并不算一帆风顺的人生，我将其中的主要事件记录下来，并将自己的主要性格特征展现其中，同时将我从工作和生活中所得到的启示带给大家。

我祖籍波兰，名叫玛丽·斯可罗多夫斯卡。我的父母都出生于波兰的小地主家庭。在我的祖国，有很多像我父母那样拥有一份不大产业的中产阶级。他们彼此之间联系紧密。直到现在，波兰的知识分子大部分都还来自这一阶层。

我的祖父主要的工作是管理一所省立高校，业余时间也干一些农活。我的父亲非常热爱学习，他曾就读于俄国圣彼得堡大学，毕业后回到祖国，在华沙的一所大学预科学校里教物理和数学，并且全身心地投入该事业中。他娶了一位和他情投意合、志趣相同的女子为妻。她很年轻，但已是华沙一所女子学校的校长了。那时候，她所从事的教育事业是极其崇高而庄严的。

我的父母兢兢业业地从事着他们的教育事业。他们的学生遍及全国。这些学生直到现在仍怀念着我的父母。即使在今天，每当我回到波兰，都会遇见那些仍旧怀念着他们的学生们。

尽管我的父母在城市里任教，但他们仍然与农村的亲戚们经常往来。我常常去农村亲戚家里与他们一起度过假期。在那里，我感到无比自在而惬意，并且有机会深入了解波兰的农村，由此深深地爱上了它。我想正是由于这段经历，我终生喜爱田野乡村，喜爱大自然。

1867 年 11 月 7 日，我出生于华沙，是家中五个孩子里最小的一个。我有三个姐姐和一个哥哥，但我大姐在十四岁不幸病逝。我的母亲因为大女儿的不幸病逝而悲伤过度，因此患上了不治之症。她年仅四十二岁便撒手人寰，留下悲痛欲绝的父亲独自抚养着我们这些孩子。母亲去世时，我年仅九岁，而我的哥哥也只有十三岁。

亲人的突然离去，让我第一次承受了人生中沉重的伤痛。我陷入了无尽的悲伤之中。

我的母亲品格高尚、知识广博、心胸坦荡且又严于律己，在家中拥有很高的威望。她对自己的信仰非常虔诚（我的父母亲都是天主教徒），但并未因此而变得偏执和狭隘。她总能包容不同的宗教观点，并公正地对待它们。母亲对我有着深远的影响，这种影响源于一个小女孩对母亲发自本能的爱，也源于我对于母亲的崇敬之情。

因为母亲的离世而深受打击的父亲从此全身心地投入工作以及对孩子们的教育之中，这些重大的责任使他无暇过度悲伤。母亲过世多年后，我们仍然会感到家中缺少了灵魂和支柱。

我们几个兄弟姐妹很早就开始学习了。我六岁的时候开始上学，在班级里年龄最小、个子最矮。每当有人来听课或参观时，我总是被叫上去朗读课文。由于我性格内向，这对我来说如同受刑，我恨不得立刻逃走，找个地方躲起来。我的父亲是一位优秀的教师，十分关心我们的学业，并懂得如何指导我们学习。但是由于家里的经济条件不太好，我们不得不从刚开始上的私立学校转去公立学校。

华沙当时正处在俄国的统治之下①。他们的统治中最残酷的一面就是对学校进行严格的控制，并对学生进行迫害。波兰人经营的私立学校被警方严密监视，并且全部使用俄语教学。学生们在很小的时候就开始学习俄语，却讲不好自己的母语波兰语。幸亏这些学校的老师全都是波兰人，他们不想受此迫害，想尽一切办法让学生们多掌握一些波兰语。但是这些私立学校都不被准许授予正式文凭，只有公立学校才有权授予。

后来，所有的公立学校全都被俄国人控制，这些俄

---

① 维也纳会议成立的“波兰王国”，通常称为“波兰会议王国”或“俄属波兰”，本质上是俄国的共主邦联。在十一月起义和一月起义后，俄罗斯更是削弱了“波兰会议王国”的自主权，首先将该国变为俄国的总督区，随后又将该国划分为俄罗斯帝国的几个省。这样，波兰所谓的主权也就不复存在了。直到一战时，同盟国向东推进，才结束了俄国对该地区的统治。

国人对波兰人的民族意识觉醒进行压制。学校里所有的课程全用俄语教授。由于仇视波兰民族，那些俄国教师对待学生如同对待敌人。由于忍受不了这样的敌视，品德高尚、知识渊博的老师都不愿意到这种学校里教书。在这样的校园环境中，孩子们学习的知识是否有用很值得忧虑。尤其严重的是，这样的环境对孩子们道德品质的影响着实令人担忧。在严密的监视之下，孩子们不小心说了一句波兰话，或是用词稍不留神，都会受到严厉的处罚，甚至殃及家人。在这种严酷的环境里，孩子们感受到的是不被信任，他们的内心充斥着悲愤情绪，这些都是他们这个年纪本不该有的，以至于让他们丧失了天真烂漫的本性，也失去了生活的乐趣。但另一方面，这种恐怖的环境却极大地激发了青年们的爱国热忱。

在这段少年时期，我虽然始终沉浸在丧母的悲痛和因外族入侵而产生的压抑灰暗的情绪之中，但却仍然保留着某些愉快的记忆。在那段宁静而缺乏自由的日子里，来自乡下的亲朋好友时常与我们相聚，给我们带来了些许欢乐和慰藉。另外，父亲对文学如痴如醉，对于波兰以及外国诗人的诗歌都十分精通。他时常自己创作诗歌，并经常将外国的优秀诗歌翻译成波兰语。他创作的一些短小的诗歌总能为我们的家庭聚会增添许多欢乐。每个星期六晚上，他总会为我们吟诵或朗读那些杰出的波兰散文和诗歌作品。这些夜晚不仅给我们带来了无数的快乐，还唤醒了我们心底强烈的爱国情怀。

我从小就对诗歌具有很强的鉴赏力，对那些伟大的诗人的长篇诗句烂熟于心，我最喜爱的诗人是密茨凯维支、克拉西茨基和斯沃伐茨基。随着我对外国文学了解的深入，我对于诗歌的鉴赏力也随之提高。我早期学习了法语、德语和俄语，能够对这些语言的书籍进行阅读。后来我发觉学习英语很有必要，不久便掌握了英文知识，并且阅读了很多英文的文学作品。

相比之下，我音乐方面的修养却非常少。我的母亲热爱音乐，有着甜美的嗓音。她期望我们这些孩子能够得到音乐方面的训练。但在她离世之后，由于缺乏来自母亲的鼓励，我很快便疏远了音乐。我为此而常常感到遗憾。

我学习数学和物理感到十分轻松。学校也相当重视这些科学类的学科。而且在这方面，我能够从父亲那里得到帮助。他热爱科学，曾经担任过这些学科的老师。他非常乐于向我们解释关于自然及其规律的有关知识。遗憾的是他从来没有自己的实验室可以用来进行科学研究。

假期对我们而言总是特别轻松愉快的。我们逃离了城市里警察的严密监视，来到乡下，与亲朋好友们欢聚在一起。在那里，我们感受到波兰传统家庭轻松惬意的生活。我们在树林里自在地嬉戏奔跑，在广袤无垠的田野里愉快地劳作。有的时候，我们越过俄国人管辖的区域，往南来到加利西亚的山区。那里是属于奥地利统治的地区，没有俄国政府严酷的统治。在那里，我们可以自由地讲波兰语，高唱爱国歌曲，完全不用担心会因此被捕入狱。

由于我从小生长在平原地区，山脉给我的第一印象非常深刻。我喜爱在喀尔巴阡村居住的那些日子，喜爱那些巍峨壮丽的山峰，喜爱在那深邃逶迤的山谷和被称为“海之眼”的高山湖泊游玩。当然，我从未忘却那对一望无垠的平原的眷恋。那开阔的视野，那秀美的景色，让我心灵震颤。

后来，我有机会与父亲一起在波多利亚的南部地区度过了一个愉快的假期。在那里我第一次见到了大海。之后，我们又来到波罗的海沿岸。这一次的经历让我激动不已。不过直到后来我到了法国，才对于大海翻滚的巨浪和变幻莫测的潮水真正熟悉起来。在我之后的人生旅程中，每当领略到从未见过的自然风光时，我都会像孩子般欣喜雀跃。

我们就这样度过了学生时代。我们兄妹几个都擅长从事脑力方面的工作。我的哥哥斯克洛多夫斯基完成了医科学业之后，成了一名华沙医院的主任医师。一开始，我和我的两个姐姐都打算像父母一样从事教育工作。可是二姐长大了之后改变了志向，转去学医。她后来在巴黎大学取

十六岁时的居里夫人

得了医学博士学位，然后嫁给了一名波兰医生德鲁斯基。结婚之后，他们两人在位于奥属喀尔巴阡山区的一个美丽的地方建立了一所大型疗养院。我的三姐在华沙结婚，嫁给了斯查莱。她在华沙任教多年，为教育事业做出了很大的贡献。波兰独立之后，她被任命为一所学校的校长。

我在校学习期间成绩优异，总能在班上排名第一，十五岁时就完成了高中学业。长期勤奋的学习让我疲惫不堪，我不得不在乡下待了将近一年的时间来调养身体。身体状况好转之后，我回到了华沙，回到了父亲的身边。我本来希望能够在一所不在俄国人监控之下的自由的学校里教书，但是家庭状况迫使我不得不放弃这个打算。那时我父亲年事已高，并且身心疲惫，急需退休回家休息。他的教书生涯并没有让他存下太多积蓄。于是我决定接受一份给几个孩子当家庭教师的工作。当我还未满十七岁时便离开了父亲的家，开始了独立生活。

那是我关于青春的生动的记忆之一。当我爬上火车时，心情是如此沉重。火车隆隆地驶向前，几个小时之后，把我带到了远方。下了火车，我还要再坐五个小时的马车才能到达目的地。等待我的将是怎样的生活？我坐在靠近车窗的位置，望向窗外广阔的平原，反复地向自己问着这样的问题。

在我所任教的那个家庭中，父亲是一位农场主。他那最大的女儿跟我同龄。我们与其说是老师和学生的关系，倒不如说是亲密的伙伴。家中还有两个年幼一些的孩子，一个男孩和一个女孩。我与我的学生们关系非常融洽。每天功课结束之后，我们会一起去散步。我非常热爱农村生活，在这里从未感到过孤单。这里虽然没有秀丽的景色，但一年四季都让我特别喜爱。我对当地典型的农耕模式有着浓厚的兴趣。我熟知田间的耕种流程以及农作物的分布情况，我持续关注着植物的生长情况，就连农场马厩里的马匹我都十分熟悉。

冬天，广阔的平原上白雪皑皑，这是多么迷人的景色啊！我们乘坐雪橇去很远的地方玩耍。有时积雪厚得令我们几乎看不到路。“小心地沟！”我朝着驾驶雪橇的人大喊着。“不用害怕，我们正要进去呢！”那人答道。话音刚落，我们的雪橇便翻倒了。这些有惊无险的小刺激为我们的旅程增添了许多乐趣。

我还记得那个巨大壮观的雪屋。那年冬天，大地上覆盖着厚厚的积雪。我们坐在亲手用积雪堆成的雪屋里，遥望着远处玫瑰色的茫茫雪海。我们还经常在冰封的河面上溜冰。我们常常看着天空，为天气转暖而担忧，祈祷着冰雪不要这么快消融，把我们的这份快乐给夺走。

除了给我的学生上课之外，我利用业余时间开设了一个学习班，专门给村里那些在俄国统治下没有接受学校教育的孩子们上课。在这个学习班里，我用波兰语课本教孩子们读书写字，主人家的大女儿成了我的助手。对于我们所做的这一切，孩子们的父母非常感激，但这样做我们来说却非常危险。这些都是俄国政府严令禁止的，我们很可能因此而被捕入狱或者被流放到西伯利亚。

晚上的时间我一般用来学习。我在得知彼得格勒和国外的一些杰出的女性在自己研究的领域取得了成功的消息后，便下定决心以她们为榜样，为今后所要从事的事业做好准备，每天勤奋学习。

起初我并没有决定选择什么方向进行发展。我当时对文学和科学怀着同样的热爱。经过三年的自学，我慢慢地找到了自己真正感兴趣的领域。最后，我选择了数学和物理，并为此学习了大量的知识。我决定将来赴巴黎求学，因此计划攒一些钱，以便保证今后在巴黎的生活和学习。

然而，我的自学过程却是困难重重。我之前在数学和物理方面所学到的知识不够系统和完善，与法国的学校所教授的内容有着非常大的差距。为了补充我的专业知识，我设法找来许多相关书籍进行学习。但这并非一种系统的学习方法，效果显然不是非常理想。但我也并非一无所获，在这个自学的过程中，我学会了如何独立思考并解决问题，而且所学到的知识也被用于我之后的研究工作中。

当我的二姐决定去巴黎学医时，我不得不改变我的计划。我们曾经承诺要相互帮助，而那时家里的经济状况却不允许我们一起去巴黎学习。于是在之后的三年半的时间里，我只能继续留在我的学生身边担任家庭教师，直到他们完成学业。在那之后，我回到华沙，继续在那里担任家庭教师的工作。

这份新的工作我只做了一年，就回到了父亲的身边。父亲当时早已经退休在家，独自生活。我和父亲在一起度过了一年快乐的时光。在这段时间里，父亲潜心研究文学，而我则一边从事家庭教师的工作为将来攒下一些积蓄，一边抓紧时间继续学习。在俄国政府统治之下的华沙，想要学习谈何容易，但与在乡下比起来还是方便许多。让我非常高兴的是，我平生第一次可以走进一间实验室去做实验，那是我的一位表亲负责的一个政府所有的小型物理实验室。我日常的工作安排得很紧凑，没有太多时间去实验室工作，通常专门留出夜晚和星期天的时间去那里进行研究。我做了许许多多物理和化学实验，对相关论文中提到的理论进行验证，有时会得到出乎意料的实验结果。我时常因为一些小小的成功的实验结果欢欣鼓舞，也时常因为自己经验不足而造成实验失败而备受打击。在这个过程中，我渐渐领悟到，想要取得哪怕一点点进步都并非易事，绝不可急于求成。最初的实验经历让我更加坚信自己在物理和化学领域具有一定的天赋。

玛丽·居里

后来，我参加了一个由一群活力四射的华沙年轻人组成的青年团体，在此我寻找到了另一种从事教育工作的方式。这群团结起来的年轻人对学习有着共同的强烈的愿望，同时也具有高度的社会责任感。他们坚信祖国的希望在于人民知识水平的提高和道德观念的加强，并认为这必将使国家的现状得到巨大改变。他们的首要任务就是提高自我修养，同时设法为工人以及农民提供受教育的机会，提高他们的文化水平。为了实现这一目标，大家决定开设夜校。每个人轮流当老师，把自己最擅长的知识传授给大家。毋庸置疑，这是一个秘密组织，因此工作的开展举步维艰。直到如今，我仍然坚信，我们这群全身心投入的年轻人能够胜任这项真正有价值的工作。

在这个群体里，来自同伴之间的智力碰撞和同志般的友谊给我留下了深刻的印象，这种感受让我身心愉悦。我们当时真正能做到的事情并不多，收到的效果也不尽如人意。但我仍然相信，我们为了理想而奋斗是实现社会进步的唯一途径。如果不提高社会中每一个人的修养和素质，就不可能建立起一个更加美好的新世界。因此，我们每个人都必须不断努力提升自己，同时肩负起社会责任，并尽全力帮助别人。

这段时间的经历让我更加执着于今后的学习。父亲非常疼爱我，他拿出仅有的积蓄帮助我尽快实现我的学习计划。姐姐刚刚在巴黎结婚，他就决定让我去跟她一起住。我和父亲都期待着我在完成学业之后，重新回到他的身边，和他一起生活。但是人的命运总是无法预知的，我去了法国之后在那里结了婚，并且从此定居在那儿。父亲年轻时非常渴望能够从事科研工作，我后来在工作中取得的成果，对于因为与我分离而满怀思念之情的父亲而言，无疑是最大的安慰。父亲在我的记忆中是那样善良而无私。每当想起他，我的心中总是充满了温情。他后来一直跟我哥哥一家一起生活，成了一位出色的祖父，照顾着哥哥的孩子们。1902 年，父亲离我们而去。我们怀着无比悲痛的心情为他送别。那一年他刚过七十岁。

1891 年 11 月，我二十四岁时终于实现了心中多年的梦想，来到巴黎继续深造。

我刚到巴黎时得到了姐姐和姐夫的热情迎接，但我只跟他们在一起住了几个月的时间。由于姐夫那时正在远离巴黎市区的地方做实习医生，他们住的公寓也离市区较远。我为了节省时间用来学习，就和许多波兰学生一样，租住在学校附近的一个小公寓里。这是一个温馨的小房间，我在里面摆上一些简单的家具，就这样度过了四年的留学生活。

这四年我收获了许多，在这里不能一一陈述。我当时完全没有受到外界的干扰，沉浸在学习的快乐之中。然而，这段时间，我的生活却是相当艰辛。我的生活费很少，家人也没办法给予我物质上的帮助。虽然他们内心非常愿意这么做，但他们自己也不宽裕。我这种情况在当时并不特殊，我所认识的许多波兰学生普遍如此。我居住在一间阁楼里，冬天非常冷。小小的壁炉根本没办法让整个房间暖和起来，而且还经常没有足够的煤用来取暖，屋子里脸盆中的水夜晚常常结冰。为了睡得暖和一些，我必须把所有的衣服都压在被子上。房间里没有单独的厨房，我只能借助煤油炉和一些简陋的炊具做饭。我的食物也极其简单，通常只是一些面包、一杯热巧克力、几个鸡蛋和水果。没有人帮我打理家务，我甚至必须自己将取暖用的煤搬上七楼。

这样的生活从某些方面来说确实非常艰苦，但却是我人生中一段宝贵的经历。这些日子让我体验到独立和自由的可贵。我独自在巴黎这个偌大的城市里苦苦奋斗，虽然没有任何人可以帮助和照顾自己，但从未感到过孤单寂寞。我心情平静，精神上有着巨大的满足感。

我所有的精力都用在了学习上。我的学习刚开始遇到了很大的困难。事实上，我的知识储备根本不足以让我跟上在巴黎大学的课程。与学习同样课程的法国学生相比，我之前在波兰所学的知识相当不完善。因此，我必须弥补这些知识的不足，尤其是在数学方面。我把所有时间都用在课堂上、实验室里和图书馆里。每天夜里，我在房间里学习到深夜。学习到了新知识让我兴高采烈，就像一个全新的科学世界为我打开了大门，我终于能够自由地遨游其间。

在我的记忆里，我在校期间与同学们的关系非常融洽。我入学的时候由于个性腼腆，不常与人打交道。不久之后，我发现大家都很友好。同学们对待学习的态度非常认真，与他们之间的学术交流常常能够让大家对所讨论的问题更加感兴趣。

我的同学里没有来自波兰的学生，但我与当地的波兰侨民团体保持着亲密的关系。我们经常聚集在简陋的小房间里，热烈地讨论着国家和民族问题，让彼此不再觉得孤立无援。我们都非常关心时事政治，经常一起外出活动，或者一起参加公众集会。但一年以后，我无法再继续参加这些团体活动了，因为我发现必须把所有的精力都放在学习上，才能尽快完成学业。我大部分的假期时光都用于数学的学习。

我坚持不懈的努力并没有白费，最终弥补上了先前在知识方面的种种差距，与其他同学一起通过了学科考试。1893 年，我在物理学考试中以一等的成绩毕业，并于第二年在数学毕业考试中取得了二等的成绩。我对于所取得的这些成绩相当满意。

对于我在巴黎上学的这段时光，我的姐夫事后常常戏称为“我小姨子的英雄时代”，而我则认为这段时光是人生中美好的记忆之一。在那段日子里，我孤军奋战，通过勤奋努力的学习，终于使自己能够投身于期盼多年的科学研究之中。

第一次见到皮埃尔·居里是在1894年。一天，弗利堡大学的一位波兰籍教授邀请我去他家做客。当时在场的还有巴黎的一位年轻的物理学家。这位教授跟这个年轻人非常熟悉，并且非常赏识他。我进门第一眼看到他时，他正伫立在通向阳台的落地窗旁。他身材高大，一头红棕色的头发，一双大大的眼睛，目光清澈明亮。他的脸上流露出严肃而温柔的表情，如同梦游者一般全神贯注于沉思当中。在与他相处时，他的态度恳切，给我留下了很好的印象。第一次见面之后，他希望能再次见到我，继续我们的谈话。那天晚上，我们谈论了许多共同感兴趣的科学和社会问题，在这些问题上我们大都观点一致。

那天之后不久，他到我住的学生公寓拜访。我们随之成了好朋友。他向我讲述他被工作填满了的日常生活，以及他那致力于科学事业的梦想。很快，他向我表露心声，希望我与他共同生活，并且为共同的理想而奋斗。但一时半会儿我还不能做出决定。我犹豫再三，因为这将意味着我必须放弃我的祖国和我的家人，永远留在法国。

假期，我回到波兰，当时不知道还会不会再回巴黎。但那一年秋天，我重返巴黎，进入巴黎大学的物理实验室开始准备我的博士论文。

在那里，我又一次见到了皮埃尔。我们每天在一起工作，关系也越来越亲密。直到后来我们认定对方是最佳的生活伴侣，于是决定结婚，并于 1895 年 7 月举行了婚礼。

当时，皮埃尔刚刚获得博士学位，在巴黎物理和化学学校担任教授。他那年三十六岁，已经是一名国内外著名的物理学家了。他一直潜心于科学研究，很少关注职位晋升，收入也不多。他的家位于巴黎郊区的苏城。他的父母已经年迈，他非常爱他们。他第一次跟我谈论自己的父母时，用了“慈父慈母”一词。事实上，他的父亲是一名智力超群、性格坚强的内科医生，他的母亲是一名优秀的家庭主妇，全心全意地照料着丈夫和孩子们。皮埃尔的哥哥当时是蒙彼利埃大学的教授，他们一直是最好的朋友。我有幸进入了一个非常值得尊敬和爱戴的家庭，在那里，我找到了世上最温暖的地方。

我们的结婚仪式非常简单。婚礼当天，我穿着寻常的衣服出席婚礼现场。当时只有几个朋友在场，但让我高兴的是父亲和姐姐专门从波兰赶来参加我的婚礼。

婚后，我们俩希望在一个安静的居所工作和生活。我们很高兴地找到了一个小公寓，它有着三个房间和美丽的小花园。皮埃尔的父母送给我们几件家具。我们用一位亲戚送的喜钱买了两辆自行车，经常骑着它们去乡下郊游。

第二章

婚姻生活

婚姻为我开启了一种全新的生活方式，这与我前些年所熟悉的单身生活有着天壤之别。我与丈夫情投意合，共同的工作将我们紧密地联系在一起。我们几乎总在一起，很少分离，以致我只保留着皮埃尔写给我的为数不多的几封信。我丈夫在教学之余，几乎把时间全都用在学校实验室里。与此同时，我也获准与他一起在实验室里工作。

我们的公寓位于学校附近，来去都不需要花太多时间。由于收入有限，我不得不自己承担起大部分家务，尤其得自己动手做饭。想要同时兼顾科研工作以及烦琐的家务并非易事，但我处理得还算得心应手。让我尤为高兴的是，小家庭的生活让我们享受着温馨宁静的日子。

当时，我一边在实验室工作，一边学习着一些课程，因为我决心参加教师资格考试，以便日后在女子学校任教。经过几个月的艰苦努力，我于1896年8月，以第一名的成绩顺利地通过了考试。

在实验室工作之余，我们主要的消遣方式就是散步和骑自行车出去郊游。我的丈夫非常热爱户外活动，对森林和草场里的动植物有着浓厚的兴趣。他熟悉巴黎近郊的每一个树林和草场。我对乡村也满怀热爱之情。到森林和乡村的郊游让我们的大脑在紧张的科学研究之余得到充分的放松，大大缓解了内心紧张的情绪。郊游归来，我们总会带回几束香气扑鼻的鲜花野草。我们有时候游兴高涨，竟然会忘了时间，直到深夜才回家。我们还定期去探望皮埃尔的父母。为此，他们专门为我们留着房间。假期里，我们骑上自行车，跑到很远的地方去度假。我们的足迹留在了奥弗涅和塞樊纳山区以及海边的许多地方。我们俩喜欢整日长距离骑车远游，每天晚上总会到达一个新的地方。但是，如果在同一个地方待久了，皮埃尔就会开始挂念实验室的工作。有一年假期，我们一起去了喀尔巴阡山区看望我的家人。而且，因为这次远行，皮埃尔学会了一些简单的波兰语。

然而，在我们的生活中，最重要的还是科学研究。皮埃尔对自己所教授的课程非常认真。他总是仔细地备课。我经常帮他收集一些资料。在这个过程中，我同样有所收获。我们的大部分时间都用于科学研究。

那时候，皮埃尔还没有自己的个人实验室。学校的实验室虽然可以使用，但不能满足他的研究需要。因此，我把物理学院一个空闲的角落辟作“实验角”。地方虽小，但想用就用，不受拘束。我从中领悟到：一个人即便在艰苦条件下，仍然可以想办法改善条件，心情愉快地工作。这一时期，皮埃尔致力于晶体研究，而我则在研究钢的磁性。1897 年，我完成了这项研究工作，并于当年发表了研究报告。

这一年，随着女儿艾莱娜的出生，我们的生活发生了很大的变化。女儿出生几个星期之后，皮埃尔的母亲去世了。于是，我们在巴黎郊区租了一个带花园的小屋，将他的父亲接过来与我们同住。在皮埃尔生前，我们一直同他父亲生活在一起。

女儿出生了，严重的问题也随之而来。怎样既能照料孩子又不放弃科学研究呢？放弃科学研究将为我带来巨大的痛苦，而且皮埃尔也不赞成我这样做，他从未想过让我就这样放弃。他经常说，上帝为他造就了我这样的妻子，就是要与他为共同钟爱的事业而携手奋斗。我们俩谁都没有考虑放弃如此珍爱的科学研究工作。

居里夫妇在实验室

这样一来，我们只好雇了一个女佣帮助料理家务，但我仍旧亲自照料女儿。当我去实验室工作时，女儿就交给她的祖父照看。祖父非常疼爱自己的孙女，他的生活因为有了小孙女而增添了无尽的欢乐。家人之间的相互关怀和体谅，使我得以安心地从事研究，而且也没耽误对女儿的照料。只有遇到特殊情况，我的生活规律才会被打乱。譬如女儿生病了，我就不得不整宿地陪在她身边照看她。

由于我们以事业为重，不愿意受到无关的事情的打扰，所以交往的朋友为数甚少。偶尔有一两位与我们比较熟识的科学家来家里做客，每当此时，我们便坐在客厅或花园里聊天，我同时为女儿做些针线活。在我们的亲戚中，只有皮埃尔的哥哥与我们一直来往密切。至于我娘家的亲戚，因为离得太远，来往并不多。我在巴黎的姐姐和姐夫此时已回到波兰开创他们的事业了。

在这种如我们所愿的宁静的生活状态下，我们完成了一生中的伟大事业。我们的科研事业始于 1897 年，从未中断过。

那一年，我决定开始博士论文课题的研究。当时，亨利·贝克勒尔正在从事的关于稀有金属铀盐的有趣的实验引起了我的关注。贝克勒尔把铀盐用不透光的黑纸密封之后，放在照相底片上，发现底片会被感光，如同受到日光的照射。贝克勒尔认为，底片之所以被感光，是因为铀盐能放射出一种射线，这种射线与日光有所不同，它能穿透不透光的黑纸。此外，贝克勒尔还通过实验证明这种射线能够使得验电器放电。一开始，贝克勒尔错误地以为铀盐射线的产生，是由于曾经在日光下暴晒。但他后来发现铀盐在黑暗中存放几个月之后，仍旧可以放出这种射线。

皮埃尔和我对这种现象非常感兴趣，决心对它加以研究。如果想研究这种新射线，首先得对它做精确的定量测量。我于是利用验电器放电的特性进行测量，不过我使用的并非贝克勒尔所使用的那种一般的验电器，而是用了一种能做出定量测量的设备。我当初用来测量的那些设备的模型，现在被陈列在美国费城医学院。不久，我们获得了有趣的结果。我们的实验结果证明，这种射线的放射实际上是铀元素的原子特性之一，而与铀盐的物理和化学性质无关。任何铀盐，所含铀元素越多，它放出的射线也就越强。

我于是又想进一步地弄清楚，是否还有其他元素也能像铀盐一样放射出同样的射线。很快我就发现，钍元素也具有同样的特性。正当准备对铀和钍的放射性做进一步研究的时候，我又发现了一个有意思的新情况。我曾有机会用放射性方法检验过一定数量的矿石。如果这些矿石能够产生相同的射线的话，那就可以确定它们含有铀或钍。而如果这些矿石的放射强度与矿石所含的铀或钍的成分成正比的话，那就没什么可惊诧的了。但事实上却大不一样，有些矿石放出的放射性强度是铀的三四倍。我对这一新发现进行了仔细的核查，最后认定这是毋庸置疑的事实。对这一现象进行了认真的分析之后，我认为只有一种解释：在这种矿石中含有一种未知的元素，其放射性远远超过铀和钍。皮埃尔对我的分析表示赞同，于是我便希望能够尽快发现这一未知的元素。我深信，只要我和皮埃尔齐心协力，就一定能够获得成功。随着研究的深入，我们已经走上了一条全新的科学之路，这是我们开始时所没有预料到的，而且，我从此就再也没有离开过这条道路。

一开始，我并不期待这种矿石中有含量较高的新元素，因为它早就被人再三地研究分析过了。我最初估计这种矿石的新元素的含量不会超过百分之一。但随着研究的不断深入，我们发现这种估计还是太高了。实际上，新元素真实的含量远小于百分之一。这更加说明了这种新元素具有极强的放射性。如果一开始我们就知道这种元素含量微乎其微的话，真不知道自己是否还会有决心和勇气坚持下去，因为我们的设备很差，经费又不足。现在回想起来，幸亏起初不知道难度会这么大，我们才保持着巨大的决心坚持下来。虽然研究期间困难重重，但研究成果的不断显现，增加了我们的信心和勇气，让我们不断克服面临的困难。经过几年的努力，我们终于把这种新元素分离出来了，它就是今天大家所熟知的镭。现在我把我们研究和发现它的经过简略地介绍一下。

开始研究时，我们并不了解这种未知的元素的化学性质，只知道它能够发射出一种射线，于是我们便对这种射线进行研究。我们首先对从圣约阿希姆斯塔尔运来的沥青铀矿进行分析。除利用常用的化学分析方法以外，我们还用皮埃尔发明的精密计电器精确地测量不同部位的放射性。这种方法今天已成为一种新的化学基本分析方法。这种分析方法在后来的科研工作中被进一步改进完善，在科学界得到了广泛应用。后来的科学家因此又发现了几种其他放射性元素。

在研究了几周之后，因为那个未知的新元素的放射性在有规律地增强，我们深信之前的预测是正确的。又过了几个月，我们便从沥青铀矿中分离出一种与铋混合在一起的元素，其放射性大大超过铀元素，这种新元素具有明确的化学性质。1898 年 7 月，我们宣布了这种新元素的存在，并命名它为钋，以纪念我的祖国波兰。

在发现钋的同时，我们还发现从沥青铀矿里分离出来的钡盐中含有另一种未知的元素。我们随即又紧张地工作了几个月，终于分离出来第二种新元素，我们后来才知道它比钋更为重要。1898 年 12 月，我们宣布了这一发现，命名这种新元素为镭。

尽管我们确信已经发现了这两种新的元素，但仍然有许多实际的工作需要我们去做。因为我们只是利用放射性的特性从铋盐和钡盐中发现了含量微乎其微的新元素，现在得把它们以纯元素的形式分离出来。于是，我们立即投入这项工作之中。

但是，这项工作并不容易，因为我们的设备条件太差。我们还需要对大量的原矿进行化学分析。我们既没钱购买这些原矿，也没有实验室来做分析实验，更没有助手可以分担工作。我们必须白手起家，从头干起。如果说我姐夫认为我在巴黎的早期学习时期是我一生中的“英雄时代”的话，那么我可以毫不夸张地说，我与皮埃尔一起从事这项研究的时期则是我们俩共同生活中的“英雄时代”。

先前的实验使我们相信，在圣约阿希姆斯塔尔炼铀厂冶炼后的沥青铀矿废渣里，一定含有镭元素。该工厂属奥地利管辖，我们设法无偿地得到了这些矿渣。然而，如何把它们运到巴黎着实令人大伤脑筋。当我们成功地用袋子装着这些混有松针的褐色矿渣，把它们运到我们的实验室门前时，我真是高兴极了。让我更兴奋的是，后来我们检测到这些矿渣的放射性比原矿的还要强！它们被堆放在工厂外面的松树林里，没有经过任何处理。后来，奥地利政府应维也纳科学院的要求，允许我们以极低的价格购买了好几吨这种矿渣。在我收到那位美国女友人赠送的珍稀的镭之前，我们在实验室里提取出来的镭全都出自这些矿渣。

在我们进行这项科研工作的过程中，物理和化学学校并没有为我们提供合适的实验场地。但幸运的是校长准许我们使用以前作为解剖教学用房的一间废弃的木棚。木棚顶上有一个很大的玻璃天窗，只是有很多裂痕，一到下雨天，雨水就会从四面八方飘落进来。棚内夏天闷热潮湿，冬天异常寒冷。虽然可以生炉子取暖，但也只是火炉旁边有那么点热气而已。此外，我们还得自己花钱置办一切必备的仪器装置。木棚里只有一张破旧的松木桌和几个炉台、汽灯。做化学实验时，常会产生有毒气体，气味刺鼻，我们不得不把实验移到院子里去做，就这样，仍旧有毒气进到棚内来。我们就是在如此恶劣的条件之下竭尽全力地工作的。

尽管如此，我们却在这个极其简陋的木棚中，度过了一生中最快乐美好的时光。为了不中断实验，我经常在木棚里准备一些简单的食物充饥。有的时候，我得用一根重量与我体重不相上下的大铁棒去搅动沸腾着的沥青铀矿。傍晚时分，工作结束时，我就像是散了架似的，连说话的力气都没有了。还有的时候，我又得进行精细的结晶工作。为了提取放射性元素，我必须待在满是灰尘的室内。灰尘会影响浓缩镭的程序，难以保存好提取出来的物质，让我伤透了脑筋。唯一让我满意的是，这期间没有人来打扰我们的工作，我们可以安安静静地做实验研究。每当实验顺利，获得了令人满意的结果时，我们总会激动不已、欢欣鼓舞。但有的时候，如果实验进展不理想，我们也会感到沮丧失望。但这种情况不会持续太久，我们又会重新设计实验方案，投入新的工作当中。我们时常对实验内容进行激烈的讨论，或者利用工作间歇在木棚周围散步，这些对我们来说全都是愉快而难忘的记忆。

最令我们愉快的事就是夜晚跑到木棚里去，看到我们提炼出来的宝贝在玻璃瓶或玻璃管里正散发着迷人的光芒，这让我们感到既新奇又激动。这些全新的物质闪烁着的奇异的光彩，令人如入仙境。

几个月的时间里，除了短暂的假期之外，我们从未中断过实验研究。我们的研究越来越明显地表明，我们正一步一步地走向成功，我们的信心也随之增强。后来，我们的研究工作越来越受到人们的关注。我们不仅可以购买到更多的矿渣，还可以在工厂里进行初步的提炼，这大大地方便了我们，使我们可以用更多的时间去做精细的分离工作。

在这一阶段的工作中，我专门从事提炼纯净的镭的工作，而皮埃尔则专心研究新元素放射出来的射线的物理特性。处理完一吨沥青铀矿废渣之后，我们得出了确定的结论：在含镭最高的矿石中，一吨原矿石所含的镭不足几分克。

最后，我们提炼出来的物质终于显示出元素应有的性质。而这种元素具有与其他元素极为不同的光谱。我们还能确定出它的原子量的值远远大于钡。我们是在 1902 年获得这些结果的。当时，我们提炼出来一分克的极其纯净的氯化镭。由此，完全掌握了将镭确定为一种独立元素的必要证据。这一工作花费了我们四年的时间，事实上，如果我们当时设备完善、资金充足的话，也许一年就足够了。我们孜孜不倦地努力工作，为放射性这门新的学科奠定了基础。

几年后，我又提炼出几分克绝对纯净的镭盐，并更加精确地测定出了它的原子量。之后，我进一步提炼出了纯金属镭元素。但是，镭的发现及其性质被正式确定的年份仍旧是 1902 年。

在这几年中，我们两人把全部精力都用在了研究工作上，我们的社会地位也发生了变化。1900 年，日内瓦大学想要聘任皮埃尔为教授，与此同时，巴黎大学也聘他为该校的副教授，而我则被聘为位于塞弗尔的一所女子高等师范学校的教授，所以我们并没有去日内瓦，而是选择留在巴黎。

我在女子高等师范学校工作得非常愉快。我尽量让学生们到实验室去进行实际操作。这所学校的学生都是二十岁上下的女生。她们都是经过严格的考试才被录取的。入学之后，她们必须努力通过考试，只有取得了优异成绩才能最终成为中学教师。因此，该校的学生个个勤奋好学，作为老师我当然也愿意尽全力去教好她们的物理。

但是，自从宣布了我们的发现，我们的知名度也随之高涨，实验室的宁静被扰乱了。渐渐地，我们的研究工作就受到了干扰。

1903 年，我完成了自己的博士论文，并获得了博士学位。这一年的年末，我和皮埃尔以及贝克勒尔因发现放射性和放射性元素而共同获得诺贝尔物理学奖。获奖之后，

1903 年获得诺贝尔奖时的证书

报纸杂志对我们大力颂扬，使得我们有好长一段时间没法安心工作，每天都有人登门拜访，有的请我们去做报告，有的则向我们约稿。

获得诺贝尔奖是一个巨大的荣誉。众所周知，该奖的奖金数额很高，对我们今后的研究工作很有帮助。但不幸的是，繁重的工作让我们精疲力竭，我们两人接连病倒，以致未能在当年前往斯德哥尔摩领奖和发表演说。一直到 1905 年，我们才到瑞典首都，并由皮埃尔发表了获得诺贝尔奖的演讲。在那里，我们受到瑞典人民的热情欢迎与接待。

我们在极其恶劣的条件下工作，导致身心疲惫。现在，由于获奖后报纸杂志的大力颂扬，探访者不断，我们更加感到疲于应付、不胜其烦。我们所喜爱的平静的、有规律的生活被完全破坏了，工作和生活都受到了影响。正如我前文所述，我们必须在不受任何外界的干扰的情况下，才能继续正常的家庭生活和科研工作。前来探访的人虽然是出于好心，但却不知这样会给我们造成怎样的困扰。

1904 年，我们的第二个女儿艾娃·德尼斯出生了，我只好暂停手头的实验研究。这一年，由于荣获诺贝尔奖，再加上社会上的一片赞扬之声，巴黎大学终于聘任皮埃尔担任新开设的一门课程的教授，并为他弄了一个实验室，任命我为实验室主任。实际上，这并不是专门为我们建立的实验室，而是把一些闲置的房间腾出来让我们使用。

1906 年，正当我们准备告别已使用多年并给我们带来无数快乐时光的那个木棚时，一场突如其来的横祸将皮埃尔从我身边夺走，留下我一个人带着孩子们继续我俩的共同事业。这场灾难使我失去了人生旅途上最亲密的伴侣和最好的朋友，它对我的沉重打击根本无法用语言来形容。

这一打击让我的精神处于崩溃状态，感觉自己完全丧失了面对未来的勇气。但皮埃尔生前常提及的那句话让我永远难以忘记：“即使我不在了，你也必须坚持下去。”

皮埃尔不幸去世时正值他的名字由于他的伟大成就而被公众熟知的时候。全社会，尤其是科学界，为之扼腕叹息，无不认为他的去世是国家的一个巨大的损失。因此，巴黎科学教育界决定让我接替皮埃尔仅仅担任了一年半的教授职位。这可以说是破天荒的决定，因为在这之前并没有女性担任这一职位。巴黎大学做出的这一决定，的确让我感到无比光荣。这使我得以继续进行原来的研究工作，不然的话，我很可能不得不就此放弃了。我原本从未有过获此殊荣的念头，除了一心想着为科学事业奋斗终生之外，没有任何的野心与奢望。在我悲痛欲绝的情形之下，让我担任这一职位，不禁使我悲从中来。我担心自己是否能承担起这一重任。几经思考，最后我还是决定试试看。于是，自1906年秋天起，我以副教授的身份开始在巴黎大学讲课。两年之后，我被聘任为教授。

失去了皮埃尔，让我的日常生活变得困难重重。以前本来由我们两人共同承担的事情，现在必须由我独自承受。我必须亲自抚养两个女儿。此时，皮埃尔的父亲仍然与我同住。他主动提出与我共同承担家庭的重任。他很高兴能帮助我照料两个孙女。经历丧子之痛后，两个孙女成了他唯一的精神慰藉和欢乐源泉。在他的帮助下，我的两个女儿享受到了家庭的欢乐。虽然我们心中承受着巨大的悲伤，但绝不在孩子们面前表露出来，因为她们太过年幼，还无法承受这一切。皮埃尔的父亲喜欢乡间生活，我们便在苏城租了一座带花园的房子，离巴黎市区只有半小时的路程。

乡间生活果然带给我们很多好处。我公公对于乡下的环境非常满意，尤其喜欢家里的小花园。我的两个女儿也可以经常去空旷的田野间玩耍。我白天要上班，经常不在家，只好请了一个保姆照料孩子们的生活起居。开始请的是我的一个表亲，后来又换成一位淳朴的女士，她曾带大过我姐姐的一个女儿。这两位保姆都是波兰人，我的两个女儿从她们那里学会了纯正的波兰语。在我还沉浸在失去丈夫的这段悲伤的时光里，我的波兰亲属们时常来看望我，给予我安慰。我总是安排时间与他们在法国海滨一同度假。有一次，我还和他们在波兰山区待了一段日子。

1910 年，我敬爱的公公久病不治而去世。为此，我悲伤了很长一段时间。他卧病在床期间，我总是抽出时间守在病榻旁陪护他，听他讲述往事。当时已年满十二岁的大女儿，对爷爷的去世感到尤为悲痛，她已懂得有爷爷的关爱是多么重要，她无法忘却昔日与爷爷在一起的幸福时光。

苏城的教育资源有限。小女儿年纪尚小，她需要有利于身心健康的生活环境，譬如户外活动和基础教育。她当时已经显现出活泼、聪颖的个性特点，尤其喜爱音乐。而大女儿更像她的父亲，虽然不怎么活泼，但天生具有很强的质疑精神，更加适合搞科学研究。她在巴黎的私立学校学习过一段时间，但我并不想让她进入公立中学读书，因为我觉得那里的课程太多，上课时间太长，并不利于青少年的成长发育。

我认为对孩子的教育应该顺应其身心的健康发育和成长的需要。另外，还应该让孩子们更多地学习文艺知识。可是，在大多数学校里，过多的时间用在了读写训练上，家庭作业也过多。而且，这些学校设置的大部分理科课程都缺乏相应的实践训练。

在我的大学朋友圈中，有一些人与我持有相同的观点。于是我们组织了一个小型学习班，共同承担起对子女们的教育。我们每人负责一门课程。虽然大家工作都很忙，再加上孩子们的年龄大小不一，但我们对这项教育实践持有很高的兴趣和热情。我们在不多的课时里，把理科和文科的课程有机地结合起来，取得了不错的效果。而且所有的理科课程都配合了相应的实践内容，孩子们对此很感兴趣。

我们的教学持续了两年，大多数孩子都有所收获，尤其是我的大女儿艾莱娜。经过这段时间的学习，她竟能插班进入巴黎一所中学的高年级班，而且没有遇到太大的困难，各门功课均通过了考试，最后在比一般学生更小的年纪考入了巴黎大学，学习理科专业。二女儿艾娃没有受益于上述这种新颖的教育模式，但后来也顺利地考入了一所学院。她一开始只是选修部分课程，后来转成正式学生，学习全部课程，最后也取得了不错的学习成绩。

我非常重视两个孩子的体育锻炼。除了户外散步之外，我认为体操和运动也很重要。在法国，对女孩子这方面的教育往往不够重视。我要求两个女儿每天都要做体操，还经常带着她们去山里和海边度假，所以她们俩都会游泳、划船。至于远足和骑车，对她们来说更不在话下。

然而照顾孩子只是我的一部分职责，我的大部分时间和精力都用于科学研究。我经常被别人，尤其是女人，问及怎样才能将这两者兼顾好。确实，要做好真的很难，必须做出一些艰难的选择和决定，并且为此做出必要的牺牲。我与两个已长大成人的女儿感情一直很好，相处得也很融洽。在家庭生活中，最重要的是相互体谅、彼此尊重。我和女儿们亲密无间的感情，让我的家庭生活充满温馨和欢乐。我们母女三人之间从来不说一句伤人的话，也从来不因为私心而做出相互伤害的事。

我在 1906 年接替皮埃尔在巴黎大学的教职的时候，只有一间临时性的实验室，它不仅狭小，而且设备也不齐全。皮埃尔在世时，有一些科学家和学生同我们一起工作，我接任之后，因得到他们的鼎力相助，才得以继续研究下去，从而获得了令人满意的成果。

1907 年，我获得安德鲁 · 卡耐基先生的同情与赞助。他赠予我的实验室一笔奖金。这项奖金是用来使一些有所成就的科学家和学生得以专心于研究的。这种赞助很有价值，可以使那些有志于科学研究并且具备一定天赋的研究者完成自己的心愿。为了科学研究事业，社会有识之士应该更多地设置这种奖金。

当时，我倾注了大量的时间，竭尽全力地想要提炼出几分克极其纯净的氯化镭来。1907 年，我已测出了镭元素的新的原子量；到 1910 年，我终于提炼出了纯净的金属镭。这种提炼和测定过程非常精密，需要特别细心。在一位著名化学家的大力帮助之下，我终于获得了成功。而后，我没有重复这一实验，因为这种实验过程有可能损失辛苦得到的镭元素，操作时需要极其当心。这次成功，使我终于见到了神奇而美妙的白色金属镭。但我不能把它保持在这种美妙的状态下，因为许多实验在等着使用它。

而钋元素我却一直未能将它提炼、分离出来。原因是在原矿中它比镭的含量还要少。不过，我的实验室里有一些含钋量很丰富的物质，可以用来做各种重要的实验。其中，尤以钋放射时产生的氦气对实验最为重要。

我想办法把实验室里的各种测量方法进行了一番改造。我曾说过，镭能被我们发现，是精密的测量手段在其中起了关键的作用。因此，我想继续改进测量精度的方法，这样才有可能获得其他新的发现。

我想出了一个非常有效的方法，用镭放射出的镭射气来测定镭的数量。我们随即采用了这一方法，结果测出一毫克的千分之一左右的极微量的镭，而且测量结果非常准确。对于数量比较多的，我们就使用镭射线中具有较强穿透力的γ射线加以测量。我的实验室中有这种设备，利用这种射线测量镭的数量比用天平测量更快速且精确。不过，要用这种新的方法，首先得有一个经过缜密推论而确定的新标准。

要想对实验和科学研究有所帮助，对镭的测量方法必须建立在可靠的基础上，除此目的以外，还有一个更加重要且紧迫的原因：镭在现代医学中的应用日益迫切。所以如何控制其使用量以及射线的纯净度是必须解决的首要问题。

当皮埃尔还在世时，法国的科学界就曾经针对镭对生物所造成的影响做过初步实验，当时用于实验的镭就是由我们的实验室提供的。实验结果令大家兴奋不已，因此，一个崭新的医疗分支——放射疗法（在法国被称为“居里疗法”）首先在法国诞生了，随后其他国家也普遍地使用起来。由于镭的需求量与日俱增，制镭工业也相应地迅速发展起来。第一家工厂在法国率先建起，而且成功地发展起来。随后，其他国家也相继建起了制镭工厂，其中最大的一家目前建在美国，因为美国蕴藏着含镭丰富的钒钾铀矿，从这种矿石中提炼镭相对来说比较容易。由于制镭工业的发展，镭治疗技术也随之得到了相应的发展。这种治疗方法对某些疾病具有特殊的疗效，尤其是在癌症治疗方面。鉴于此，在不少大的城市里，一些专门利用这种方法治病的专科医院应运而生，有一些医院甚至存有数克的镭。镭的售价高达每克七万美元，因为原矿中镭的含量微乎其微，提炼成本很高，售价自然不菲。

我们的这一发现对社会有这么大的用处，不仅在科学上非常重要，而且可以治疗可怕的疾病，这是我们当初所没有料到的。读者们一定会体会到我此时此刻欣慰、激动的心情，这是皮埃尔和我多年来辛苦努力所获得的回报。

若想使放射治疗获得成功，必须在用量上准确无误。因此，镭的度量在工业上、医药上、科研上都是至关重要的。

于是，各国的科学家组成了一个委员会，全体成员一致同意制定一个共同遵循的国际标准。制定这一标准的方法是，先用极其精确的方法测定若干极纯净的镭盐，用它作为基本标准，然后再把若干纯净的镭盐的放射性与基本标准做一比对，作为副标准，以便各国加以使用。该委员会任命我来负责制定这个基本标准。

制定标准是一项极其精密细致的工作，容不得半点马虎。由于重量极轻，大约只有二十七毫克的氯化镭，称量时必须极其准确。1911年，我成功地制定出这个基本标准。它是一个长数厘米的玻璃管，里面装有用来测定镭原子量的纯净镭盐，经委员会批准之后，存放在巴黎附近的塞弗尔国际度量衡标准局。委员会还利用该基本标准制定了几个副标准，并已投入使用。在法国各地，但凡存有作为标准使用的装有镭的玻璃管，其中镭元素重量的鉴定工作全都由我的实验室来完成。我所采用的鉴定方法就是测量它们的辐射强度。谁都可以带上他的镭到我们这儿来进行测量、鉴定。而在美国，这项工作是由标准局负责完成的。

1910年年末，我被提名授予法国荣誉骑士勋章。以前，皮埃尔也曾得到过同样的提名，但他反对接受任何荣誉，所以没有接受。我在这方面的观念与皮埃尔的完全一致，因此在这件事上也不想违背皮埃尔的意愿。尽管内政部一再要求，但我仍然坚持拒绝接受授勋。与此同时，好几位同事劝说我申请巴黎科学院院士。皮埃尔去世前几个月曾经被选为院士，因此我对是否申请院士颇为踌躇，难以决定。按照科学院的章程，想要申请成为院士，必须逐一拜访巴黎的所有院士，这让我感到极不情愿。但是，如果被选为院士的话，我的实验室就会获得更多的资助。于是，我便下定决心参加院士竞选。我的这一举动又引起了社会公众的热切关注。大家就科学院是否应该接纳女院士而展开了激烈的辩论，一些院士原则上对此持反对意见。最后，在审查阶段，我以数票之差落选。这之后，我就不再去申请了，因为我对于私下求人帮忙非常反感。我认为选举投票应该完全遵循本人的意愿，不应该受到任何外界因素的影响，更不应该成为人情交往。譬如有一些科学协会和学会，我自己并未提出任何申请，它们也主动把我选为会员。

长期的劳累工作导致我在 1911 年年末出现了严重的健康问题，但就在这个时候，我再一次获得了诺贝尔奖，而且这次是单独授予我的，是对我发现新元素镭并将其提炼、分离出来的褒奖。这对我而言无疑是极大的荣耀。当时，我虽然正在病中，但仍然决定亲自赴斯德哥尔摩领奖。我在姐姐和大女儿艾莱娜的陪同下去了颁奖现场。颁奖仪式极其隆重，与接待国家元首的气派相仿，这让我激动不已。我在斯德哥尔摩受到了热烈欢迎，尤其是瑞典妇女界，她们的热情让我非常感动。但是出席此次活动让我身心疲惫，不得不在回到法国之后卧床休息了好几个月。由于病情严重，同时为两个女儿的教育考虑，我们只好从苏城搬到巴黎市区居住。

1912 年，我与几个人合作，在华沙建立了一个镭实验室。这是华沙科学院下属的一个实验室。他们聘请我指导实验室的工作。我当时没有离开法国回到波兰，但我还是竭尽所能组织和安排实验室的各项研究工作。到了 1913 年，我的健康状况略有好转，便立即回到波兰参加该实验室的揭幕庆典。祖国人民对我的热烈欢迎令我激动不已。我深切地体会到，波兰人民在如此艰难的环境中，还能以巨大的爱国热情发展有利于祖国的事业，这实在让我难以忘怀。

我等病痛稍有好转便四处奔走，努力想要在巴黎筹建一个更加合适的实验室。最后，我的努力终于见到了成效。新的实验室于 1912 年破土动工。巴斯德研究院表示了与新创建的实验室合作的意愿，后经巴黎大学同意，成立了一个镭研究所，包括两个实验室：一个是物理实验室，专门研究放射性元素的物理化学特性；另一个是生物实验室，专门研究放射性元素在生物和医学上的应用。但是，由于经费不足，实验室施工进展很慢，直到 1914 年世界大战爆发时，实验室尚未竣工。

第三章

战争中

1914 年，战争爆发了。那一年的暑假如同往年的一样，我的两个女儿在她们的家庭教师的陪伴下，先于我离开了巴黎，到布列塔尼海滨度假屋度假。我对这位家庭教师十分信赖，有她陪伴在孩子们身边，我十分放心。我的许多好朋友的家属也住在那儿附近。我因为工作太忙，很少能与她们一起度过整个假期。

我原打算 7 月底去海边与孩子们会合，但是坏消息不断传来，各种迹象表明战事已迫在眉睫。在这种紧张的态势之下，我显然不合适离开巴黎。于是，我被迫继续留在巴黎静观事态的发展。不久，法国颁布了战时总动员令。8

月 1 日，德国对法国宣战。随即，除了我和一位患有严重心脏病的技术人员以外，实验室的其他工作人员全都应征入伍。

接下来的历史性事件大家都非常熟悉了。但是，在 1914 年的八九月份，只有留在巴黎的人才能够真正地感受到首都人民当时的心情以及所表现出的临危不惧的英勇气概。总动员令很快就传遍法国各地，每一个法国人都想要英勇地奔赴前线，捍卫自己的祖国。人们关注着所有从前线传来的消息。

一开始，关于前线战况的各种消息不断传来，让人们无法掌握真实情况。随着事态的发展，传回的消息表明前方战事越来越严峻且不容乐观。起初，比利时遭到德国军队入侵，该国军民虽然浴血奋战，但却未能阻挡住德国军队进攻的铁蹄而惨遭蹂躏。随即，德军进入乌瓦兹峡谷，直逼巴黎。不久，法国政府南迁波尔多的消息传来，许多巴黎市民也纷纷随政府南下，这些人大多不愿也不敢去面对德军侵占巴黎后所带来的危险。去往乡下避难的火车被挤得满满当当，这其中大部分是有钱人。不过，总体而言，在这面临着巨大灾难的 1914 年，巴黎市民所表现出的镇定品质以及坚强意志还是给我留下了难以磨灭的印象。8 月底至 9 月初的那几天里，天气忽然变得十分清朗怡人，天空蔚蓝如洗，巴黎市区那些宏伟的历史建筑越发显得巍峨挺拔，使人感到弥足珍贵。

德军日益迫近巴黎，情况十分危急，为了以防万一，我必须设法将我实验室所贮存的镭存放到安全的地方。此时，政府指派我负责将这些镭护送到波尔多。但我不愿意留在那儿，所以决定送到之后，即刻返回巴黎。我当时乘坐的是运送政府工作人员和行李物品的专列，在沿途的高速公路上，每隔一段距离，就能见到逃难的车队拥堵、混乱不堪的景象。

我于傍晚抵达波尔多，随身携带着用铅皮密封的装有镭的沉重的箱子。由于接站的人一直没到，我又不能带着它在公众场合久等，真是令我心急如焚。幸好与我同车来波尔多的一位政府工作人员见无人接我，而旅馆又全都爆满，于是帮我安排了一户人家，让我暂时度过这个晚上。第二天一早，我终于将装有珍贵的镭元素的箱子运送到了安全的地方，妥善保存起来。当天夜里，我便乘军列返回巴黎。回去之后，我曾跟人讲述过这次乘火车往返的经历，这些人都急切地想要了解路上的情况，他们无不对我在这种时候还要返回巴黎表示惊讶和敬佩，让我啼笑皆非。

在返回巴黎时，列车走走停停，有时在途中受阻，一停就是几个小时，真让人心急如焚。同车的军人都带着干粮，可我却毫无准备。看我饿得不行，他们便分给我一些面包充饥。当我总算回到巴黎时，听说德军已经改变了进攻方向，马恩河战役已经打响了。

在这次大的战役期间，我和巴黎居民一样，时而为法国军队胜利在望而欢欣鼓舞，时而又觉得失败在即，从而忧愁沮丧。最让我担心的是，如果德国人占领了巴黎，我将与孩子们天各一方，不知何时才能相见。尽管忧心忡忡，但我仍然决定忠于职守，绝不离开巴黎。后来，马恩河战役以法军胜利而告终，巴黎被攻陷的危险也不复存在了。尽管许多巴黎居民认为还是乡下比较安全，但我还是叫孩子们从布列塔尼返回巴黎，继续上学。我的两个女儿也不愿意与我分隔两地，毅然决然地回到了我的身边。

国家处于危难之中，每个人都应该尽可能地为自己的国家分忧解难。政府对大学教职员工并没有任何的硬性规定，但大家都积极主动地行动起来，我也利用自己所掌握的知识，想方设法尽力地为国家贡献自己的力量。

1914 年 8 月，前线战况发生了急剧的变化。此时，法国暴露出对这场战争并未做好充分的准备。尤其是在伤员救护方面，政府的组织管理能力不够，受到来自社会各界的批评和质疑。我对此也十分关切，很快便投入医疗救护工作之中。从这时起直到战争结束，我的大部分时间和精力都投入这项工作中了。具体地说，我的工作是为军队医院组织 X 射线检查和组建医疗队。此外，我还不得不把自己的实验室迁到放射研究所的新楼里去，并且尽可能地给学生们讲课。与此同时，我还经常研究与军事相关的各种问题。

人人皆知，X 射线对内科和外科医生检查病情有极大的帮助，尤其是在战争期间，可以用它来检查、确定弹片嵌入体内的准确部位，以便于医生开刀取出来。而且，它还可以显示出骨骼和体内器官损伤的情况，医生因此就可以知道内伤恢复得怎么样。战争期间，这种设备挽救了无数伤员的生命，缩短了他们的康复时间，同时也使得不少人减轻了痛苦，免于落下终身残疾。

战争一开始，军队中所有的医疗部门都没有 X 射线治疗设备，而此时地方医院在这方面的条件也有限，只有几所大医院才拥有这种设备，而熟悉这项技术的医疗人员即便在整个巴黎也是寥寥无几。战争爆发后，法国各地纷纷组建医院，但都缺乏 X 射线医疗设备。为了解决设备与专业医疗人员短缺的难题，我立即把各个实验室和贮藏室的 X 射线设备集中起来，于 1914 年 8、9 月间建起了几个 X 射线医疗站，由经我培训过的志愿者对它们进行操作。在马恩河战役中，这几个医疗站起了很大的作用。不过，由于设备和人手的不足，无法满足全巴黎各家医院的需要。后来，在红十字会的协助下，我设计并装备了一辆流动 X 光医疗车。它是用一辆普通的敞篷车改装的，把一台设备齐全的 X 光设备和一台发电机固定在车厢里，利用汽车的发动机带动这台发电机发电，为 X 光设备提供所需要的电力。这辆流动车可以到任何地方，无论医院条件如何，是位于市区还是郊区，只要有需要，流动车就会立即赶到。尤其对于需要急诊的伤病员，这种流动医疗车的作用更大。各家医院经常收进危急病人和重伤员，而这类伤员又无法被转送到很远的医院。这时，流动医疗车的作用就更加显现出来。

正是因为流动医疗车在当时战争情况下具有巨大的作用，所以它的需求量非常大。就在此时，我获得了一个名为“全国伤病员救护会”的机构的帮助。该机构办事效率极高，使得我提出的增加流动 X 光医疗车的庞大计划得以很快落实。我在法国与比利时之间的战区以及在法国的其他一些地区，总共创建和改造了两百多个 X 射线医疗站，并装备了二十辆流动 X 光医疗车，以供军队急需。这些流动车都是各界人士慷慨捐赠的。另外，还有一些有识之士捐赠了整套的 X 光设备。因为当时军队中的救护队很少有 X 光设备，这些私人捐赠的车辆和设备在战争开始的头两年发挥了很大的作用。看到这些捐赠的设备所起的重要作用之后，卫生部门也慢慢地开始大规模地生产制造这种设备。但因军队的需求量太大，这种军民合作的形式仍旧是不可或缺的。直到战争结束后的几年，这种合作还一直保持着。

假如我没有亲自去过各个医院和救护站，并且亲眼见到它们当时的需求竟然如此之大、如此之迫切的话，恐怕我也很难切实地完成这项工作。在红十字会的帮助下，再加上有卫生部的批示，我得以前往战区和法国各地，考察了北部战区和比利时军队驻防区的救护站。我去的地方有亚眠、加来、敦刻尔克、弗尔内和波普林格。我还去过凡尔登、南锡、吕纳维尔、贝尔福、贡比涅和维耶柯特莱。在这些远离战区的地方，由于当地人手紧张，工作又极其繁重，我常常在当地的各个救护站参与工作。在他们极其困难的情况下我给予他们帮助，令他们非常感动。我至今仍然珍藏着一些当时他们写给我的措辞热切的感谢信。

每当救护站的医生请求我给予帮助时，我立即亲自驾驶留着自用的装有 X 光设备的流动车前往支援。在替伤员们检查之余，我还顺便了解一下当地急需什么物资。等返回巴黎之后，再想方设法帮助他们筹集这些物资。战区救护站很少有人会使用 X 光设备，我不得不挑选一些合适的人给予详细的讲解，对他们进行培训。经过几天的训练，他们总算掌握了设备的操作方法，而伤员们在我培训医务人员的同时也得到了必要的检查。在这个过程中，前线医生们逐渐体会到了 X 光设备在医疗中的神奇作用（当时他们之中很少有人对此有所了解），他们对我的态度也随之

居里夫人与她的X光流动车“小个子居里”

变得更加亲切友好。这使得我接下来的工作顺利了许多。

有几次我驾车去外地救护站时，大女儿艾莱娜陪着我一同前往。她那时十七岁了，已经高中毕业，正就读于巴黎大学。她满怀爱国热忱，积极地参加战地服务。她学习了看护知识和技术，并且学习了放射学，想要竭尽所能地助我一臂之力。她到过弗尔内和伊普尔之间的战区以及亚眠等地参加救护工作。她工作得非常出色，受到过许多嘉奖，战后还因此而荣获奖章。

战争期间的救护工作给我和艾莱娜留下了难以磨灭的印象。开车前往各个救护站，一路上会遇到各种各样意想不到的困难，经常无法确定还能否继续前行，更不知道在何处投宿、吃饭。然而，我们的信念坚定，运气也不错，所以一个个困难全都迎刃而解了。无论去到哪里，我都必须照顾好我们母女俩。我经常要跟部队长官打交道，以获得各种通行证以及许可证；还经常在车站工作人员的帮助下，亲自将医疗设备搬上火车，确认它们会被及时运往目的地，而没有滞留在车站。当设备到达目的地之后，我还得亲自前往车站将设备取出。

每当开着我那辆X光流动车上路时，总会遇到不少的问题，譬如：我必须替车子找一个安全的地方停放，为助手们解决吃住的问题，有时还得为车子找各种零配件，等等。当时，司机严重不足，我便学着驾驶这辆车并且经常亲自驾车去工作。经过我的亲自监督，仪器设备得以迅速运到目的地。如果交由卫生部门去处置，必然会耽搁时间。因此部队长官对我的及时周到的服务赞不绝口，尤其佩服我处理紧急情况的能力。

各个医院和救护站的医生和护士给我们母女留下了很好的印象。我们跟他们相处得非常融洽。他们吃苦耐劳、任劳任怨，经常超负荷地工作，但毫无怨言。这些都让我们钦佩不已，并常常以他们为榜样，鞭策自己去克服一切困难。我们大家像好朋友一样相处，互相帮助完成各种任务。

当我们在为比利时救护队服务时，比利时阿尔贝国王和伊丽莎白王后经常前来视察，并且亲自接见过我几次。国王和王后态度热忱、和蔼可亲，对伤员的病情十分关切，给我留下了极其深刻的印象。

但是，最让我们感动的是我们给伤员治疗时他们所表现出来的坚毅精神。有时候，挪动他们的身子会让伤口疼痛难耐，他们咬紧牙关，不吭一声。每当我们怀着同情之心、钦佩之情为他们做 X 光检查时，都小心翼翼，尽可能让他们少受些痛苦。相处一段时间之后，彼此间比较熟悉了，我们通过简单的交谈向他们表达我们的敬意。没有做透视的伤员也很想了解这种设备的作用以及对人体的影响，我们便给他们详细地讲解相关知识。

战争期间遇见的那些摧残人类生命和健康的可怕场景，我至今记忆犹新。它使我对战争感到无比憎恨。几年中，我所见到的那些恐怖场面，无论哪一次都足以让人难以承受。那些被抬上救护车的青壮年，一个个满身污泥、血肉模糊。其中许多伤员在抢救过程中不治身亡。即使是那些被抢救回来的伤员，也必须忍受数月伤痛的折磨才能逐渐康复。

我感到最头疼的一个问题就是如何找到一个训练有素的助手，帮助我使用 X 光设备。当时，懂得放射学知识的人非常少。而这种仪器设备被不熟悉的人使用的话极容易损坏，从而大大缩短其使用寿命。战争时期，无法要求操作人员具备足够的医学知识，只要是具有一定的文化素养和懂得一些基本的机电常识的人就可以了。如果是大学教师、工程师或大学生，稍加训练就可以成为合格的 X 光设备操作员。不过，战争期间，只有那些暂时免服兵役者，或者正好在我需要工作的地点长住的人，才能被我聘为助手。可是，即使找到了这样的人，也不知道哪一天就应征入伍了。这么一来，我又得重新找人填补空缺。鉴于此，我决定培养女性从事这项工作。

我向卫生部提出建议，在当时刚成立不久的伊迪斯·卡维尔医院的附属卫校增加一个放射科。我的建议获得批准，1916 年由镭研究所负责组织这个科室开始培训。整个战争期间，一共培训了一百五十名女性操作人员。她们初入培训队时，一般都只接受过初级教育，但一个个都非常努力，从而取得了较好的成绩。所学习的课程除基础理论和一般的实习以外，还有一些解剖知识。从培训队出去的女子，后来都成了优秀的 X 光设备操作员，多次获得卫生部的赞赏。就她们所学习的课程而言，她们只能成为医护帮手，不过其中有一些人完全具有独立工作的能力。

战争期间从事 X 光照相的经历让我积累了大量宝贵的经验和知识。我觉得很有必要向公众普及这些经验和知识，于是便写了一本小册子——《放射学与战争》。我写此书是为了向人们展示放射学在实践中的重要价值，而且将它在战时的应用与在和平时期的用途做一个详细的比较和说明。

接下来，我谈一下战争期间放射治疗的作用以及镭研究所创办时的情况。

1915 年，存放在波尔多的镭元素被运回巴黎。我当时没有时间进行科学研究，而是专心用它来治疗伤员。当然，这项工作必须保证不把这种珍贵的物质用尽。因此我们使用的并不是镭本身，而是镭射气。我们将镭射气收集到一定数量后，就把它交给救护单位去使用。镭射气治疗大多是在一些大型专业放疗机构进行，这种治疗方法在很多方面都比直接用镭元素进行治疗更加方便实用。当时，法国尚无国立的放疗机构，而且镭射气也没有在医院里得到临床应用。

我向卫生部建议，由镭研究所提供装在玻璃管里的镭射气，按时供给各救护单位使用。建议获准之后，镭射气服务于 1916 年开始施行，一直持续到战争结束。当时我没有助手，所有的镭射气玻璃管都由我亲自制备，其过程既精确又细致。不计其数的伤员和病患因使用这种方法治疗而康复。

自巴黎遭空袭时起，卫生部就十分重视对制备这些镭射气的实验室的保护，以防止遭到敌机的轰炸。制备镭射气必须与镭元素打交道，而这个过程具有一定的危险性，所以还得想方设法对操作人员进行保护，以防他们遭受射线的侵害。（我有几次感到浑身不舒服，就是因为不小心受到了射线的辐射。）

医疗救护虽说是我在战争期间的主要工作，但我还是做了一些其他的事情。

1918 年夏天，德国的总攻失败之后，我应意大利政府的邀请，去意大利考察放射性矿藏的蕴藏量。在意大利逗留的一个月期间，我得到了这些矿藏蕴藏量的确切数据。意大利政府对此非常重视。

1915 年，我的实验室搬进皮埃尔·居里街新建的大楼里。由于经费与人手不足，搬迁时困难重重。我亲自驾驶着装备着 X 光设备的车子往返于新居旧屋之间，把实验室的仪器一点一点搬到新址。搬完之后，还得把仪器设备分门别类，重新整理布置。在这期间，只有我的大女儿和一名技术人员帮助我，但技术人员的身体不好，总是生病。

对于新的实验室，我最重视的就是在它周围有限的空地上种树。我一向觉得，春夏之际，看见窗外郁郁葱葱的树木能够使人工作时心情舒畅。我把空地上能种树的地方都给种上了菩提树、枫树，还辟出几个花圃，种上了玫瑰花。记得德国人炮轰巴黎的第一天，我去花市买花回来，正忙着把它们种在花圃里，就在此时，几发炮弹忽然落在了附近，那让人惊魂失魄的情景我至今记忆犹新。

尽管困难很多，但新实验室总算慢慢步入了正轨。最让我高兴的是当战争结束之后，士兵们陆续从部队复员时，我们的实验室各项工作基本上准备就绪。到了1919—1920学年度，我们便可以给学生上课了。1919年春季，我在实验室为美国军人开办了一个特别培训班，由艾莱娜对学员进行指导，这些军人十分认真积极地学习。

战争期间，我同其他许许多多的人一样，过着一生中最辛苦、最劳累的日子，从未休过假，只是偶尔在探望两个放假的女儿时才休息一两天。大女儿艾莱娜也不肯休息，为了保证她的身体健康，我有时不得不强迫她休息几天。当时，她一边在巴黎大学学习，一边还帮我做着各种各样服务于战争的工作。二女儿艾娃当时还在读高中。巴黎遭受德军轰炸时，她们姐妹两人都不肯离开巴黎去乡下避难。

四年多的大战造成了前所未有的毁灭性的破坏，是人类的一次浩劫。1918年秋，经过各个方面为恢复和平而做的努力之后，终于签订了停战协定。然而，真正的和平至今仍未完全到来。残酷而恐怖的战争终于暂时告一段落，法国人民算是松了一口气，但战争所带来的种种严重破坏，并不可能一下子就消除掉，人们的生活仍旧充满艰辛，一时很难再现往日的宁静与快乐。

以牺牲无数的生命为代价换来的胜利带给我的最大的快慰就是，我的祖国在经历一个多世纪的被奴役、被压迫之后终于获得了自由和独立。这件我梦寐以求又不敢奢望的事竟能在有生之年亲眼见到，我的激动心情简直是难以表述。波兰人民长期处于被压迫、被奴役之中，但忠于祖国的民族精神、斗争精神始终不变。在整个欧洲经受着狂风暴雨般的洗礼之时，波兰终于获得了独立、自由，这是波兰人民的胜利和骄傲。波兰人民多年来所追求的梦想终于得以实现。在这举国欢庆的时刻，我回到了阔别多年的祖国首都华沙，见到了多年未见的亲朋好友。华沙此时已经成为新成立的波兰共和国的首都。但新共和国所面临的现实条件是多么恶劣，而且经历了长期的被压迫和被奴役，想要重建一个国家将会遇到多少的困难啊！

此时的法国各地一片废墟、满目疮痍，人口减少无数。战争的遗留问题一时难以解决，必须一步一步地慢慢恢复，才能让整个社会秩序进入正常状态。许多科学实验室都难以很快得到恢复，我们的镭研究所也包括在内。

战争期间所建立的各个放射科医疗组织，有一部分战后依然存在。其中 X 射线医学卫校在卫生部的坚持下得以保留。镭射气的供应工作非但没有中断，其规模反而得到了扩大。这项工作战后已经交由巴斯德实验室主任瑞戈博士负责。后来，这一业务发展成为全国性的大规模镭治疗事业。

战后，随着之前的员工们和学生们陆续复员回来，我的实验室得到了重建。但由于当时国家财政困难，实验室想要寻求理想的发展并非易事。而我非常急迫地想要建立一个专门的放疗医院。同时，我还想要在巴黎郊区建立一个实验基地，专门对大量具有辐射性的原矿石进行实验分析，进一步加深我们对于放射性物质的认识。

我当时已经不再年轻。尽管已经得到政府的大力支持，同时也经常得到一些私人捐助，但我还是常常问自己，是否还有能力为晚辈建起一座放射研究院，既可以完成皮埃尔的遗愿，又能够为人类谋得幸福。

1921 年，我的自信心受到了极大的鼓舞。美国的一位慷慨的女性 W.B. 梅乐内夫人，在美国发动全国性的妇女捐款，成立了“玛丽 · 居里镭基金”。他们用募捐来的钱买了一克镭送给我作为科学研究之用。梅乐内夫人邀请我和两个女儿前往美国亲自接受这个礼物和证书。当时在白宫举行了专门的仪式，由美国总统亲手把礼物和证书交给了我。

捐款是在全美国公开募集的。大家纷纷解囊，捐款有多有少。美国妇女界对我的深情厚谊让我终生难忘。就在这一年 5 月初，我们母女三人乘海轮远赴美国纽约。起程之前，法国科学界在巴黎歌剧院为我们举行了欢送大会。

在美国度过的那几个星期的情景至今仍历历在目。在白宫举行的欢迎会上，哈定总统发表了热情洋溢、慷慨激昂的演讲，随后，我们参观了各个大学和学院。欢迎我们的热烈场面实在让人感动。不少院校授予我名誉学位。在各个学院的公众集会上，许多人争相与我握手表示祝贺，这样的深情厚谊让我铭记于心。

之后，我还有幸游览了尼亚加拉大瀑布和大峡谷，大自然的鬼斧神工令我感叹不已。

遗憾的是，我当时的健康状况不好，无法完成来美国的所有原定计划。不过，此次美国之旅让我增长了许多见识，学到了不少的东西。这个难得的机会让我的两个女儿享受了一个意料之外的精彩的假期，特别是见到自己母亲的研究成果受到这样的尊重和赞赏，她们感到非常自豪。6月底，我们与美国的好友依依惜别，启程回国。

美国友人赠送的这一克镭，使我回到研究所以后，能够更加顺利地开展研究工作，这使我们增强了克服一切困难的勇气与决心。但想要完全实现研究目标，我们仍然需要许多物质方面的支持。我经常思考一个根本的问题：一个科学家对待科学发现究竟应该采取什么样的态度？

皮埃尔和我一向拒绝从自己的科学发现中获取任何物质利益。因此，我们毫无保留地把提取镭的方法立即公之于众。我们既没申请专利，也没向想要通过其牟利的企业家提出过任何权益方面的要求。我们详细地公布了提炼、制取镭的方法，没有将其中的任何部分作为机密而有所保留。正是由于我们如此迅速而详尽地公布了这种复杂而精细的提炼方法，制镭工业才得以迅速地发展起来。直到现在，制镭工业中所运用的提炼方法和程序都是我们当时所制定的。尽管现在的仪器设备比起我们当初的有了许多改进，但在提炼过程中所采用的矿石处理和部分结晶的步骤过程，仍然沿用了我们以前在实验室里所采用的方法。

皮埃尔和我提炼、制取的镭全部留给了我们的实验室。由于矿物中镭的含量极少，加上它在疾病治疗上所具有的巨大价值，使得其价格极其昂贵。制镭工业由此成为暴利产业。我们自愿放弃发现它所应得的利益，也就等于放弃了大量财富。否则，当我们过世之后，我们的子孙们将因此拥有一笔巨大的财富。但我们从未考虑过这些。倒是一些朋友好心好意地提醒我们：如果我们当初保留那些本应属于我们的权益的话，我们早就有足够的财力创建一座设备精良而齐全的镭研究所了，而不会像现在这样举步维艰。话虽如此，我至今仍然坚信皮埃尔与我当初的决定是完全正确的。

无疑，人类是需要注重自己的实际利益的。在不损害大众利益的前提之下，有些人努力工作，为自身谋求福利，这无可厚非。但在人类中同样也需要一些理想主义者，他们追求的是大公无私的崇高境界，而无心顾及自身的物质利益。这些理想主义者因为无意于物质享受，所以从不追逐自身的利益。然而，我认为一个完善的社会应该为这些理想主义者提供必要的研究经费和生活保障，让他们能够毫无牵挂地投身于科学研究事业之中。

第四章

美国之行

上一章中提到过的愉快的美国之行是应梅乐内夫人的邀请去的。梅乐内夫人是著名刊物《反光灯》(*The Delineator*)的主编，她用募集来的善款买了一克镭赠送给我。我受邀前往纽约就是为了接受这个珍贵的礼物。

这项募捐活动最初旨在向全美妇女界筹集善款。一开始，美国一些杰出的女性和有声望的科学家为此组成了一个募捐委员会，并且募集到几笔数额很大的捐款。之后，他们继续号召广大妇女积极捐款，该号召很快得到美国许多妇女团体的积极响应，各个大学和俱乐部的反响尤其热烈。捐赠者中有一些是曾经接受过放射治疗的康复者。这次募捐活动很快便为“玛丽·居里镭基金”募集到超过十万美元的善款。他们用这笔善款购买了一克镭，经时任美国总统哈定同意在白宫举行了仪式，并由他亲手交给了我。

该委员会邀请我们母女三人于 1921 年 5 月中旬前去美国。尽管此时并不是暑假，巴黎大学还是破例批准我接受邀请，前往美国接受赠品。

旅途中的全部事宜邀请者都做了妥善安排，不用我为此费一点心思。梅乐内夫人还亲自前来法国迎接我。4 月 28 日，法国刊物《我无所不知》(*Je Sais Tout*) 为巴黎镭研究所全体工作人员举行了庆祝大会，梅乐内夫人也受邀参加了大会。会上，主办者对美国妇女界的深情厚谊表示了衷心的感谢，给予了高度的赞扬。5 月 4 日，我们在瑟堡港乘坐奥林匹克号轮船前往美国。

委员会为我安排的行程以及各种捐赠仪式多得让我应接不暇。我不仅要出席白宫的捐赠仪式，还要参加好几座城市的大学院校举行的欢迎仪式。我同时被授予了许多的荣誉头衔，这其中的不少院校都是此次的捐赠单位。

美国人做事魄力十足，安排的仪式场面都相当宏大。美国幅员辽阔，美国人早已习惯了长途旅行，但这对于我来说却难以适应。一路上，他们对我照顾得无微不至，尽可能地减轻我由于长途旅行和参加欢迎会而产生的疲劳。我在美国不仅受到了热烈的欢迎，而且结交了许多真挚的朋友。他们十分热情和友好，让我无法用语言来表达内心的感激之情。

当邮轮驶入纽约港时，我们看到了雄伟壮丽的码头上大批的学生、女童子军以及驻美波兰人代表手捧鲜花迎接我们。随后，我们便被安排在一个僻静的住所休息。第二天，卡耐基夫人在她那豪华的私邸设宴为我们接风洗尘。卡耐基夫人的丈夫安德鲁·卡耐基先生是闻名遐迩的慈善家，在法国名声也很大，此处仍然保留着许多他的遗物。第三天，我们前往距离纽约几小时车程的史密斯学院和瓦萨尔学院进行参观。之后，又参观了布莱恩·莫尔和韦尔斯利等学院，途中又顺便参观了其他一些学校。

这些专为妇女开设的高等院校，完全能够反映美国人民的生活现状及美国文化。由于时间仓促，我无法对美国的教育做出确切的评价。但是，这些短暂的参观，足以让我体会到美、法两国在女子教育观念上的差异。美国的一些教育理念可能并不能被法国人所接受，这些差异中有两点是我体会最深的：一是美国人对学生的健康和体育锻炼极其重视；二是美国学生组织了许多独立的社团，使当中的每一个人都能够充分地发展个性。

每个大学的建筑与和校园布局都非常宏伟壮观。校园里教学大楼林立，各座大楼之间隔着空旷的草地和茂密的树林。史密斯学院坐落在一条幽静的小河边。校舍窗明几净，让人感到清爽舒服。浴室设备齐全，冷热水全天供应。学生们既有私密的个人宿舍，也可以到供学生们聚会的公共区域活动。体育锻炼也井然有序，学生们可以根据自己的爱好去打网球、棒球，或在室内体育馆里进行体育锻炼，也可以参加游泳、骑马等各种运动。学校里还设有医务室，专门负责保障学生们的身体健康。美国的母亲们普遍认为，像纽约这样的大城市并不利于女孩子的教育，而乡间开阔的环境更加有益于她们的身心健康，并且能够为她们提供更加宁静的学习环境。

每一所学院都有女孩子们组织成立的学生会。由学生们选举出的学生会委员拟定在校应遵守的各种行为准则。学生们积极地组织各种活动：她们参与各种教学活动，自己编印刊物，自己编写剧本并在校内外演出。我对她们编写的剧本和演出都十分感兴趣。学生们出身不尽相同，有的是富家子弟，有的却需要靠奖学金维持学习期间的生活。不过，学生会里却非常平民化，人人平等，无贵贱之分。学院里有不少外国学生。我见到过几个法国学生，她们对学校的生活和学习非常满意。

所有的学院全都是四年制。学习期间经常有各种考试。有的学生完成四年的学业后，可以继续做研究，以获得博士学位。法国的大学里并没有与之相应的博士学位设置。各个学院拥有自己的实验室，并配备了非常先进的仪器设备用于科学实验。

学院里的女孩子们朝气蓬勃，给我留下了深刻的印象。她们非常热衷于参加如我此次到访一样的学校的各种活动。虽然为我举行的几次欢迎仪式有点半军事化，但女大学生们热情的神态、她们自编自演的激昂情绪的歌曲，以及她们穿过草坪向我奔来表示欢迎的欢喜雀跃的情景，让我非常感动，难以忘怀。

参观完这些学院以后，我们一行人返回纽约。在去往华盛顿之前，我们又参加了几个欢迎会：化学学会的午餐会，自然历史博物馆和冶金矿业学会的欢迎会，社会科学研究院的晚宴，在卡耐基大会堂由各个学院和大学教师、学生代表举行的欢迎大会。在上述活动中，包括妇女界在内的各界名流发表了热情洋溢的演说，我被授予了各种荣誉头衔及奖状。这些荣誉饱含着深情厚谊，我格外珍视。不同国家和民族之间的友谊是人们经常提及的话题。副总统柯立芝在他的致辞中，对法国人民和波兰人民在美利坚合众国创立过程中所给予的各种帮助表示了诚挚的谢意，并且强调指出，在大战中这种友谊得到了进一步的发展。

5 月 20 日，在白宫为我举行的隆重的欢迎仪式上，大家交流知识，彼此认同，气氛亲切祥和。欢迎活动具有鲜明的美国式民主作风，虽然为时不长，但却十分感人。与会嘉宾中除总统哈定夫妇之外，还有国务院各部门主要官员、高等法院大法官、三军高级将领、各国驻美使馆官员和华盛顿当地及外地的社会名流。仪式开始时，法国驻美大使儒塞朗先生首先致辞。接着，梅乐内夫人代表美国妇女界讲话。然后，由哈定总统发表演讲。哈定总统演讲结束之后，我做了简短的答谢。随后，与会来宾排队从我面前走过，纷纷与我握手表示祝贺。最后，所有在场来宾合影留念。仪式在庄严美丽的白宫举行。正好是 5 月阳光明媚的午后，天气晴好，绿草如茵，白宫屹立在一片草坪之中，四周环绕着一座座建筑物，如此洁白而端庄。由总统代表他的人民在仪式上向我表示欢迎与敬意，让我感到无比光荣，令我终生难忘。

总统在致辞中，再一次代表美国人民向法国和波兰人民表达了诚挚的谢意。他致辞的内容与柯立芝副总统的讲话大致相同，但更加侧重于表达谢意。同时，总统的致辞强调了美国人民十分重视此次捐赠活动。

美国人慷慨大义，对于有益于民众福利的事总会毫无保留地予以赞赏。镭的发现在美国之所以受到如此大的重视与赞许，不仅仅是因为它所具有的科学价值和它在医学上的重大作用，更重要的是因为镭的发现者没有为自己谋取利益，而是毫无保留地无偿把它奉献给全人类，这让美国朋友对法国科学界感到由衷钦佩和赞赏。

赠送给我的镭并未带到仪式上去，而是由美国总统亲手交给我一把小小的金钥匙，可以用它打开装有镭的那只箱子。

捐赠仪式结束之后，我在华盛顿又继续逗留了几天，参加法国使馆、波兰使馆和国家博物馆的欢迎会，除此之外还参观了几个实验室。

告别华盛顿后，我们又访问了费城、匹兹堡、芝加哥、布法罗、波士顿和纽黑文等地，游览了大峡谷和尼亚加拉大瀑布。我受到这些城市的一些高等院校，如宾夕法尼亚大学、匹兹堡大学、芝加哥大学、西北大学、哥伦比亚大学、耶鲁大学、宾夕法尼亚女子医学院、史密斯学院、韦尔斯利学院的邀请，前往参观访问，并接受了他们赠予我的名誉学位。我对他们的这番好意感激不尽。另外，我还要感谢哈佛大学对我的热情接待。

美国的大学在授予名誉学位时都要举行隆重的仪式。一般来说，这种仪式与每年学生的毕业典礼同时举行，并且要求接受名誉学位者出席。但有几所大学却为我破例单独举行了仪式。在美国的大学里这类庆典活动比法国学校多得多，这是他们的学生的重要活动之一，每年一次的毕业典礼尤其隆重。举行典礼时，学校的教师和应届毕业生都得穿上学位袍、戴上学位帽，列队在校园中游行。随后，他们进入大礼堂，由校长宣读获得学士、硕士和博士学位的学生名单。接受学位证书时，乐队热情洋溢地演奏乐曲。这之后，由该校教师或外校的代表上台演讲，内容通常围绕着弘扬教育理念以及为人类谋福利的教育宗旨展开。演讲过程中时常会插入一些美国式的幽默。仪式令人颇为感动，对联络毕业生的感情起到了重要的作用。对于美国的大学来说，这种仪式同样非常重要，因为之前它们大多是依赖私人捐赠开办的学校。近年来，许多州才开始陆续创办起各自的州立大学。

在耶鲁大学，我荣幸地代表巴黎大学出席了该校第十四任校长恩格尔的就职典礼。在麻省，我出席了美国哲学学会和医师协会的会议。在芝加哥，我参加了美国化学学会年会，并在会上做了关于发现镭的整个过程的报告。出席这些会议时，我分别被授予斯科特奖章、富兰克林奖章和吉布斯奖章。

美国妇女联合会为我组织了几场欢迎会，受到了公众的广泛关注。我前面已经说了，纽约各大学的妇女在卡耐基大会堂为我举行了欢迎大会；在芝加哥，波兰妇女协会也组织了类似的欢迎会；位于匹兹堡的卡耐基研究所的妇女组织也欢迎了我；在布法罗，加拿大大学妇女组织也以同样的方式对我表示热烈的欢迎。这一次次的欢迎会让我深深地感到她们对我的真挚情谊，她们认为女性在未来的科学事业以及其他各项事业中将会起到越来越大的作用。我感到美国的女性与男性对于这个问题的看法几乎没有分歧。男性普遍在这方面给予女性充分的支持和鼓励。美国妇女界积极参与教育事业、卫生事业和增加劳工待遇等方面的社会活动，得到了社会的特别关注，并取得了极大成效。此外，其他各项公益事业也都得到妇女界的广泛关注和积极参与。梅乐内夫人对我进行支持并资助的计划得到各阶层妇女的热情支持，最后圆满完成，足以说明这一点。

这次美国之行，我没有充足的时间去参观各个实验室和科学研究机构，这让我深感遗憾。在为数不多的几次对实验室和研究机构的参观过程中，我每次都怀着极大的兴趣。每到一处，我都发现美国人十分关心科学事业的发展，为实验室配备的仪器设备都力求完善。有些地方正在新建实验室，即便是老的实验室也都配备了最先进的仪器设备。各个实验室高大明亮，相比之下，法国的实验室显得那样狭小局促。在美国，各个实验室的经费多半来自私人捐赠或由各个基金会提供。他们有一个全国科学研究会，其经费全都来自私人捐赠，其宗旨就是激励科学研究的发展，并在科研和工业生产之间搭建桥梁，建立合作。

我还饶有兴趣地参观了华盛顿的标准局。这是一个全国性的科学计量及进行相关研究的重要机构。美国妇女界赠送给我的镭，分放在几支玻璃管中，就陈放在这里。该局的工作人员还认真地对这些镭做了计量，妥善保管起来，确保万无一失地送到我所乘坐的邮轮上。

在华盛顿，我还参观了一个新建的专门用液态氢和液态氦进行低温研究的实验室。我非常荣幸地成为该实验室启用的揭幕人。

在对一些实验室进行参观时，我很高兴能与一些非常有名的美国科学家会面，与他们交流是我这次访美旅行中最愉快的事情。

美国拥有一些专业的放射治疗医院。医院都设有实验室，专门提炼镭射气，并将其密封在玻璃管中以备使用。这些医院贮存着大量的镭，医疗条件也很棒。有非常多的患者来这里接受放射治疗。参观完几家这类医院后，我不禁为法国目前还没有一家拥有如此多的镭和如此优良仪器设备的国立医院而深感遗憾，这导致法国的放射治疗水平远不及美国的。我期盼着这一差距能够尽快地得到缩短。

镭工业起始于法国，但却在美国得到飞速发展。这是因为美国有大量的含镭铀矿（钒、钾、铀矿）。旅行途中，我曾前往美国最大的制镭工厂参观，感触颇深。工作人员的创新精神令我感到很高兴。该工厂保存着一些录像片，记录了科罗拉多州辽阔的工地上工人们采矿和运矿的情景，以及从这些镭含量极其微小的矿石中提炼镭的过程。他们所使用的提炼方法和程序与我们在实验室里使用的完全一样。

我在参观这些镭工厂及其厂内附设的实验室时，他们对我极为尊敬，盛情地接待了我。在一个炼制新钍的工厂参观时，他们送了我一些新钍。工厂管理者表示非常乐意在科学研究方面为我提供帮助。

为了全面描述美国之行的印象和感受，我感觉必须简略地叙述一下美国的风土人情，但在下笔之前又踌躇了，因为美国幅员辽阔，各地风土人情有所差异，想要通过这短短的篇幅写得面面俱到着实困难。美国给我的大致印象就是它的未来不可估量。雄伟壮丽的尼亚加拉大瀑布、光怪陆离的大峡谷等都给我留下了难以忘怀的鲜明的记忆。

6 月 28 日，我在纽约港码头登上了之前载我来美国的那艘邮轮返回法国。时光匆匆而过，我无法在这么短的时间里对美国和美国人做出评论和判断。但所到之处，人们对我和我的两个女儿的隆重而热情的接待，让我深受感动。他们想方设法地让我感到宾至如归。许多美国人对我说，他们在法国时也曾受到同样的热情接待，像在自己的家中一样。当我回到法国以后，除了要向赠送我如此珍贵的礼物的美国妇女界表示深深的谢意之外，还深切地感受到我们两个国家的友谊的亲切和珍贵。我坚信：只要法国和美国两国人民携手努力，必将为人类的和平和发展带来无限希望。

第二篇

我的丈夫
皮埃尔·居里

第一章

居里家族

皮埃尔的父母都是既聪明又有修养的人。他们属于并不富裕的小资产阶级，与社会名流素无来往，只与家里的亲朋好友们保持着密切的交往。

皮埃尔的父亲欧仁尼·居里作为一名医生之子，自己也是一名医生。他对自己的家族背景了解甚少，只知道居里家族原籍阿尔萨斯（欧仁尼·居里1827年出生于法国东北部城市米卢斯），那是属于新教徒的地区。尽管他的父亲定居伦敦，欧仁尼·居里却在巴黎接受教育。他在巴黎学习自然科学和医学，并在格拉蒂奥莱附近的姆塞恩实验室担任助教。

欧仁尼·居里医生身上所具备的卓越品格，使他受到身边所有人的敬佩。他身材高大魁梧、金发蓝眼，年轻时一定非常帅气。即使到了垂暮之年，他仍旧目光炯炯。他眼神中流露出孩童般的纯真与稚气，既善良又聪颖。的确，他智力超群，对自然科学情有独钟，颇有学者风度。

他原本的理想是终生从事自然科学研究，但婚后肩负的家庭责任以及两个儿子的出生所带来的家庭重担，让他不得不放弃这一理想而从医。然而，他仍然偶尔进行一些医疗方面的科学实验，特别是针对肺结核的防治做了许多研究工作。在当时，这种疾病的病原体尚未确定。他对于科学研究的热忱使他养成一种习惯——常常去乡间田野寻找一些实验中要用到的动植物。正是这个习惯让他从内心深处热爱大自然和乡村生活。他始终热爱科学事业直至生命结束，而他未能将自己的全部生命奉献给科学事业，这无疑成了他一生的遗憾。

医生这个职业收入微薄，但他却始终在职业生涯中表现出忠心耿耿、大公无私的高尚品质。1848 年法国“二月革命”[①] 期间，他还是个大学生，但共和国政府给他颁发了一枚荣誉勋章，以表彰他在革命期间救治伤员过程中

---

① 法国“二月革命”是 1848 年欧洲的革命浪潮的重要部分之一。法国人民面对奥尔良王朝的失政，成功推翻当时的法国国王路易·菲利普。

的“勇敢卓越的行为”。那一年2月24日，一颗子弹击碎了他的一部分颌骨，使他负了伤。不久后，霍乱大规模爆发。他为了照顾病人，搬到了巴黎的一个医生全都走光了的街区。巴黎公社时期，他在自己的公寓房内建起了一个急救中心（位于维奇达雄街），在那儿抢救伤员。一个街垒就设置在他的急救中心附近。他的这种对于民众的责任心以及激进的信念，让他失去了自己的很多资产阶级顾客。这时候，他接受了低龄儿童保护中心派遣的任务，担任巡回医生。这份工作使他得以搬到巴黎郊区生活。与在城里相比，乡下的环境和空气对他和他家人的身体健康更加有利。

居里医生的政治观念很坚定。他生来就是个理想主义者，热情洋溢地接受了1848年革命者们所奉行的共和理论。他同亨利·布里松[①]及与其同一阵营的人结交，同他们一样是自由的思想者和反教会者。所以，他既没让他的儿子们受洗，也没让他们信奉任何宗教。

皮埃尔的母亲克莱尔·德普利是普托的一位企业家的女儿。她父亲的工厂位于巴黎附近。她的父亲和兄弟们因有多项发明而在工业界颇有名气。她祖籍萨乌瓦，由于

---

① 欧仁·亨利·布里松（1835年7月31日—1912年4月14日），法国政治家。在巴黎获法学士学位后，加入反对拿破仑三世的行列。1885—1886年和1898年两次出任法国总理。

1849 年的革命对企业造成了重创而家道中落。家族企业的倒闭，再加上居里医生职业生涯受挫，让她和家人一直过着相当困苦的生活，而且新的困难还不断地出现。皮埃尔的母亲尽管生在一个富裕家庭，但却以平静而勇敢的心态接受了她所面临的艰难的生活。她坚强而乐观，尽全力为丈夫和孩子们营造出快乐的家庭氛围。

尽管雅克和皮埃尔的成长过程中家庭条件不富裕，但家中却洋溢着一种温馨和睦、相亲相爱的气氛。皮埃尔·居里第一次跟我谈起他的父母时对我说，他们“相敬如宾”，“恩恩爱爱”。他们的确如此。父亲欧仁尼说话做事比较有权威性，思想总是激进而活跃的。他具有罕见的大公无私的精神，从不为改善家庭的生活条件而利用关系去谋私利。他深爱他的妻子和儿子们，对有求于他的人总是乐于伸出援手。母亲克莱尔身材娇小、性格开朗。生育了两个孩子以后，她的身体状况受到影响，但她总是积极乐观地生活，把简朴的家收拾得干净整洁，让人喜欢登门拜访。

当我认识他们时，他们住在苏城的萨布隆街（如今的皮埃尔·居里街）的一座老式小房子里，它位于一座美丽花园的绿荫深处。他们的生活很平静。居里医生因工作关系得四处奔波，或在苏城，或去附近地区。闲暇时光，他便看看书或是打理他的小花园。每个星期天，一些近亲和邻居常来拜访。地滚球和弈棋是当时最受欢迎的娱乐活动。亨利·布里松也时不时地跑到这个宁静的退隐地来看望自己的老战友。无论是屋子、花园还是屋主们，都给人一种怡然宁静的印象。

皮埃尔·居里于1859年5月15日出生。他的出生地正好面对巴黎居维埃街植物园。他的父母当时就住在那儿。他父亲在姆塞恩实验室工作。他是居里医生的第二个儿子，比哥哥雅克小三岁半。关于他在巴黎的童年生活，他的印象并不太深刻。然而，对于他跟我讲述的巴黎公社时期他家附近的街垒战斗、他父亲的急救中心以及他父亲在两个儿子的帮助下抢运伤员的情况，他却记得非常清楚。

1883年，皮埃尔离开了巴黎，同父母一起搬到了巴黎郊区。1883—1892年，他又搬去了丰特奈·欧罗斯。1892—1895年（我们结婚的时候），他们一家住在苏城。

皮埃尔的童年完全是在自己家里度过的。他既没上过小学，也没上过中学。他的启蒙教育先是由母亲进行，后来由他的父亲和哥哥继续完成。他哥哥自己也并没有完成所有的高中课程。皮埃尔拥有天马行空的想象力，完全无法专注于学校要求掌握的知识，根本不能适应学校里的正规课程。他往往被人认为反应迟钝，他自己也是这么认为，而且经常这样自我评价。可我却觉得这种说法并不完全正确。我认为他自童年时起，智力便高度地集中在特定的事物上，直到获得一个确切的答案为止，无论外界环境如何，他的思路都不可能被打断和改变。很显然，这种思维特质可能蕴涵着很大的发展前途。但是同样明显的是，对于这样的孩子，公共学校是没有适合的教育体系的。但事实上，这一类型的孩子不在少数，远比我们想象中多。

对于皮埃尔来说，非常幸运的是，尽管大多数人都认为他不可能成为一个优秀学生，但是他父母却非常理智，也十分了解他所面临的困难。他们并未强迫他进入公立学校学习，否则必然会严重影响他的智力发展。尽管皮埃尔的启蒙教育既不正规也不完整，但是也并非没有好处，这样的教育方式不会使一些教条的、带有偏见的或是先入为主的观念束缚其智力发展。皮埃尔因受到了这种极其自由的教育而始终感激和怀念他的父母。他在自由中长大，在乡间的远足中增长了对自然科学的兴趣爱好，他还从乡下带回一些植物和动物供他父亲做实验用。他有时与家人一道去乡间漫步，有时也自己一个人去，这极大地激起他对大自然的热爱，直到生命结束，他都保持着这份对自然的热情。

因为住在城市里，再加上传统教育等人为条件的限制，能够了解大自然的孩子很少。皮埃尔能够与大自然亲密接触，对于培育他的思想观念起着决定性的影响。在父亲的指导下，他学会了观察事物，并能正确地表达出来；他还学会了辨识巴黎附近的动物和植物。在不同的季节里，他知道在森林里、草原上、溪流中和池塘里，可以发现什么动物和植物。上述这些地方对他有一种特别的、持续不断的吸引力。那里生长着奇异独特的植物，还有许许多多的青蛙、北螈、蝾螈、蜻蜓以及其他许多空中和水里的“居民”。他不费吹灰之力就能抓到他感兴趣的东西。他常常大胆地把一只小动物抓在手里仔细观察研究。后来，我们俩结婚以后，在我们一起外出散步时，如果我试图阻止他把一只青蛙抓在手里，他就回答我说：“不，你看它多漂亮呀！”他散步回来总会带回几束野花。

因此，他自然科学方面的知识长进很快，同时数学的基础知识也掌握了不少，而对于那些文史方面的经典知识的学习却比较少。这方面的知识他主要是通过阅读来掌握的。他父亲知识渊博，书房里藏有许多国内外作家的著作，他自己也对文史知识很感兴趣，所以知道如何与儿子们交流沟通。

十四岁左右时，皮埃尔得到了一个非常好的受教育的机会：他被委托给一位优秀的教师培养。这位教师名叫罗贝尔·巴齐尔，负责教授他基础数学以及高等数学。这位老师很善于激励学生，而且对皮埃尔十分喜欢，总是督促他努力学习。他还帮助皮埃尔学习拉丁文。皮埃尔的拉丁文学得非常差。在这期间，皮埃尔和老师的儿子阿尔贝·巴齐尔成了好朋友。

毫无疑问，这段时间的教育对皮埃尔的智力培养起到了非常大的作用。不仅他的智力得到了提高，更重要的是使他意识到自己在科学方面的潜力。皮埃尔在数学学习上有极高的天赋，尤其具有独到的几何观念和空间想象能力。他很快便取得了长足的进步。他所热衷的这些学习内容成了他的巨大乐趣之一。因此他对这位老师一直心怀感激。

他曾经给我举了一个例子，说明他自那时起就不拘泥于刻板的学习目标，而总是偏离原定目标进行独立思考。他当时对于刚刚学会的行列式理论非常着迷，便着手画了一个三维图，试图发现那些“立体行列式”的特征与运用方法。他当时年纪小，掌握的知识也有限，这种做法无疑是他力所不及的。但是，他的这种设想却很有特色，说明他的创新精神正在萌芽。

好多年后，一心想着对称问题的他，给自己提出这样的问题：“既然一切皆是对称问题，人们难道就找不出一种普遍的方法来解任意一个方程式吗？”他当时尚不了解能够解决这个问题的伽罗瓦(Galois)群理论[①]。但后来他通过几何推演找到了五次方程的解法。

由于在数学和物理上的卓越表现，皮埃尔十六岁时便

---

① 埃瓦里斯特·伽罗瓦(1811—1832)，法国数学家，与尼尔斯·亨利克·阿贝尔并称为现代群论的创始人。伽罗瓦理论是用群论的方法来研究代数方程的解的理论。

取得了理科学士学位。至此，对于他来说终于度过了最艰难的阶段。从此以后，他终于可以在自己选择的科学领域努力获取他所热爱的知识了。

第二章

青年时期的梦想

皮埃尔在年龄还很小的时候就进入大学学习，为获得物理学学士学位做准备。他在巴黎大学进行理论和实验课程的学习，并且在前药学院教授勒鲁的实验室做物理课助教的工作。与此同时，他还在与哥哥雅克一起工作的过程中进一步熟悉了实验的方法和步骤。雅克当时正在从事里希和赞弗莱什的化学课的教辅工作。

十八岁时，皮埃尔获得了物理学学士学位。上学期间，他曾受到高等教育研究实验室主任德桑和副主任姆东的赏识。他在十九岁时便在他们的推荐下，被聘为巴黎大学理学院德桑的助教，负责辅导学生们的物理实验课程。

他在这一职位上工作了五年，也正是在这一时期，他进行了自己最初的实验研究。

受家境影响，皮埃尔不得不在十九岁时就开始从事教辅工作，而两三年内不能继续自由地选修课程，不得不说这对他而言是一个很大的遗憾。由于实验室的工作以及自己的研究占据了他的全部时间，他只好放弃高等数学的课程，也不能再参加考试了。但他也因此而无须服兵役，这是当时对从事公共教育的年轻人的一项优惠政策[①]。

皮埃尔那时是个身材高挑、体形修长的年轻人。他有一头栗色的头发，表情腼腆而矜持。年轻帅气的面孔透露出他单纯的内心世界，从他和父母、哥哥一起照的那张全家福上便可看得清清楚楚。他手支着脑袋，陷于沉思之中。他那双大大的眼睛像是在盯着内心深处的一个幻影。他身旁的哥哥的样子则与他截然不同，褐色的头发，目光炯炯有神，神态活泼而坚定。

兄弟二人之间感情很深，关系非常亲密。他们习惯于一起在实验室里工作，闲暇时还经常一起去散步。他们和几个童年伙伴一直保持着密切的联系：堂哥路易·德普利，后来当了医生；路易·沃蒂埃，后来也当了医生；阿

---

① 法国大革命后，法国征兵制度变成了普遍征兵制。法令规定：21—25 岁单身男性列为应征候选对象集中到征兵站，从每七人中抽出一个“幸运者”应征入伍。义务兵陆、海、空军服役期均为一年。

尔贝·巴齐尔，后来成了一名电信工程师。

皮埃尔总爱跟我讲起当年他们一起在塞纳河边度假的情形。他同哥哥雅克沿着塞纳河漫步，间或跳入河中游泳或者潜水。他同他哥哥都擅长游泳。有时，他们会花上一整天时间出去远足。他们从小就养成了习惯，经常到巴黎郊外徒步行走。有的时候，皮埃尔也独自漫步，这更加有利于专注地冥想。在这种情况之下，他往往会忘了时间，直到走得精疲力竭为止。由于全身心地专注于他的精神世界，他完全不在意物质上的匮乏。

他于1879年写的日记中，这样描述乡村对他产生的有益的影响：

> 哦，我在这里独自度过了多么美好的时光呀！远离了巴黎那些让人烦恼的事情！不，我一点儿都不为在林中度过的白天和夜晚感到遗憾。如果我有时间的话，我就要把当时的幻想全都讲述出来。我还想描绘那恬静宜人的河谷。那里鸟语花香，空气清新湿润。比埃弗尔河从中穿过，高高的瀑布形似仙女宫，长满欧石楠的红红的石山丘，躺在上面美不胜收。哦，我将永远心怀感激地记住米尼埃尔河边的树林，那是我至今所见到过的最喜爱的地方，我在那儿幸福极了。我经

常晚上出发，沿河谷而上，归来时脑子里充满着各种各样的想法。

因此，在皮埃尔心中，乡村所带给他的宁静感受是非常美好的。相比之下，巴黎的生活中充斥着各种纷杂的琐事，干扰着他，让他无法集中思想，他为此感到痛苦和焦虑。他认为自己命中注定要搞科学研究，他迫切地需要深入了解各种自然现象，以寻找出令人满意的理论。但是，在试图把自己的精力集中于某一个问题时，他却常常因许许多多的琐碎事情而分心，这些事情扰乱了他的思绪，使他气馁。

在一篇标题为《天天如此》的日记中，他罗列了一天中占据了他大部分时间的种种琐事。他最后写道："这就是我的一天，我什么都没干成。为什么？"后来，他又回到这同一个问题上来，引用了作家维克多·雨果《国王取乐》中的一句话作为标题写道：

用琐事麻痹想思索的大脑

我的意志力还不够强大，为了让我的头脑不要飘忽不定，一有风吹草动就不知去向，就必须让我周围的一切静止不动，或者让头脑像一只飞速旋转的陀螺，对外界的事物无动于衷。

当我的大脑正在慢慢地转动时，我会试图让它不断地得到更多的动能，使它飞速转动起来。但一点琐事、一句话、一个叙述、一份报纸、一次来访就会让它不得不停下来，致使我可能会把那个重要时刻永远地推后。因此，为了使我的头脑更加有效地运转，我会无视周围的一切，集中所有的注意力……我们必须吃饭、喝水、睡觉，必须有闲散的时间接触生活中美好的事物，但却不能沉湎其中。在做所有上述这些事情的同时，我们必须在强大的意志力的控制下，将有限的脑力坚定不移地集中在那些更加重要的、必须完成的事情上。我们的生活需要梦想，而我们更需要将它变为现实。

一个二十岁的青年人竟具有这样敏锐的分析能力，并以一种令人赞叹的方式表述了人类思维的最高境界。他的这番话蕴涵着一种人生感悟，如果能够真正领悟其中的奥义，将会为大幅提高人类的思维能力开创新的途径。

皮埃尔所赞赏的思维集中，不仅被日常工作以及社会生活所干扰，同时也被他自己的兴趣爱好所干扰。他的兴趣爱好促使他涉猎许多文学和艺术作品。像他父亲一样，他喜欢文学，尤其偏爱那些艰涩难懂的文学著作。就此，有人对他有所批评，他则回答说："我从不排斥那些艰涩难懂的书籍。"这是因为他迷恋寻求真理，而真理往往是以一种枯燥无趣的语言描写出来的。除此之外，他还喜欢绘画和音乐，常常去看画展和听音乐会。他的日记上还保留着他亲手抄写的一些诗歌片段。

但是，这一切兴趣爱好都必须屈居于他所认为的自己真正的使命之下。当他的科学想象力没有被充分地调动起来时，他就会感到自己是不完整的。在那短暂的消沉期间，他是这样表达痛苦所引发的焦虑和不安的："我以后会成什么样子？我很少完全属于我自己，我的身体总是有一部分正在沉睡。我那可怜的意志力竟然这样软弱，无法支配我的身体吗？哦，我的思想真是一文不值！我本应该对自己的想象力具有足够的自信，相信它能够帮助自己摆脱窠臼，但我真害怕它其实早已完全丧失了。"

尽管这样的犹豫纠结让他损失了一些大好机会，这个年轻人还是渐渐地找到了属于自己的道路，并坚定了自己的意志。在那些后来的学者们还只是学生的年龄时，他就已经下定决心投身于科学研究了。

他同德桑合作进行的第一项研究就是关于热波长度的确定。他们借助一个热电堆和用金属丝做成的一个网完成了此项研究。这种全新的方法在后来研究这个问题时经常被使用。

随后，他与他哥哥合作进行了晶体的研究。他哥哥获得学士学位之后，在巴黎大学矿物系实验室给弗里代尔做助手。这项研究给这两位年轻的物理学家带来了巨大的成功：发现了新的压电现象，即通过对晶体的对称轴方向施加压缩或者拉伸的力，使晶体所产生的电极化现象。这个发现绝非偶然，它是基于对晶体材质的对称性进行反复研究得来的。通过这样的研究，他们兄弟俩预见了电极出现的可能性。这项研究的前期工作是在弗里代尔实验室里进行的。两位年轻的物理学家凭借在他们这种年龄罕见的实验能力，成功地完成了这项研究。他们寻找出了在晶体中产生该现象必不可少的对称条件，确定了极其简单的量化规律以及某种特定晶体的绝对量。在他们之后，很多著名的外国科学家，如罗恩根、康特、乌瓦特、里埃克等，都沿着雅克和皮埃尔开创的这条道路做了进一步的研究。

这项研究的第二部分从实验的角度来看难度更大，它所研究的是当压电晶体受到电磁场的作用时所出现变形的现象。里普曼曾经预测出的这一现象，被居里兄弟通过实验证实了。这项研究的困难之处在于所要观察的形变量非常小。幸运的是，德桑和姆东在他们的物理实验室旁边专门为他们兄弟俩留出了一块区域，以便兄弟二人完成这项精细的实验。

在理论性与实验性兼备的研究过程中，他们推论出一个实际的结果。他们使用了一种新仪器——压电石英晶体，可以用绝对值来测量微弱的电量以及弱电压的电流。这个仪器后来在放射性的研究中起了很大的作用。

居里兄弟在研究压电的过程中，需要使用一些测电设备。由于无法使用当时已知的象限静电计，他们就动手制作了一件新型的仪器。这种仪器更加适合他们的研究，后来在法国被广泛地使用，取名为居里静电计。在他们二人合作从事研究的这几年中，他们总是亲密无间，感受着幸福和满足。他们对于科学的共同热爱以及奉献精神给予他们极大的激励和支持。在共同的研究中，皮埃尔总是容易沉湎于冥思苦想之中，而雅克的活力与激情给了他宝贵的帮助。

然而，这种亲密而美好的合作只持续了短短几年。1883 年，皮埃尔和雅克不得不分开了。雅克去蒙彼利埃大学任矿物学教师，而皮埃尔则在巴黎物理和化学学校任实验室主任。该学院是在弗里代尔和舒赞贝格的推动下由巴黎市政府创建的，舒赞贝格成为第一任校长。

1895 年，雅克和皮埃尔对晶体所进行的卓越的研究为他们赢得了普朗泰[①]奖。虽然晚了，但却是真实的。

---

① 普朗泰（1834—1889），法国物理学家。普朗泰对技术的贡献是造出第一个放电后能重新充电，从而可以反复使用的电池。

第三章

最初的研究

皮埃尔在物理和化学学校罗兰学院里的一幢幢旧楼中工作了二十二年，这几乎是他科学生命的全部时间。他初期担任实验室主任，后来当上了教授。他的回忆总是离不开这些现已拆除了的旧楼。在那些岁月里，他的整个白天都在那里度过，直到晚上才回到乡间父母的居所。在那里度过的日子让他感觉非常幸福。学校创建者舒赞贝格校长对他特别关怀，学生们也十分敬重并爱戴他，其中有好几个学生后来成了他的追随者和朋友。在他生命的最后几年里，他在巴黎大学的一次演讲结束时，对于这段经历他是这么说的：

> 我想在此着重指出，我们在巴黎物理和化学学校进行了我们所有的研究工作。工作环境对于科学工作具有很大的影响，而所取得的一部分成果应归功于这种影响。学校的第一任校长舒赞贝格是一位杰出的科学家。我心怀感激地记得当我在做助教的时候，他为我争取了很好的科研机会。后来，他授权让我妻子玛丽·居里来跟我一起工作，这在当时是一个前所未有的创举。舒赞贝格先生在工作中给予我们极大的自由，他的那种对科学的热情激励感染着所有的人。物理和化学学校的教师和从该校毕业的学生们所营造出的亲切而积极向上的氛围，曾经给予了我极大的帮助。我们在他们中间找到了良好的合作伙伴和朋友。我很高兴能在这里向大家表示感谢。

在他刚刚开始任教的时候，他比学生们大不了多少。学生们都很喜爱他，因为他的行为举止平和随意，既是学生的老师，又是他们的朋友。他的学生中有一些人回忆起在他身边学习的情景时很激动。皮埃尔总爱与学生讨论问题，大家对于科学问题的探讨，使所有人都能从中受益，并且迸发出更多的激情。1903 年，他参加了学校老校友会举行的一次聚餐，并微笑着回忆起当时的一个意外：有一天，他同几个学生在实验室里工作到深夜，等到他们想要离开的时候，却发现实验室的门被上了锁，于是大家只好顺着二楼窗户旁边的一根管道溜了下去。

皮埃尔生性矜持而且腼腆，不太容易与陌生人熟络起来。但因为他为人亲切和蔼，与他一起工作的人都很喜爱他。他一直受到下属们的爱戴。有一个小伙子，曾经是他学校实验室里的助手，皮埃尔在此人生活极其困难的时候帮助过他，由此他一直对皮埃尔深怀感激和崇敬之情。

尽管皮埃尔与哥哥分居两地，但他们一直保持着相互信赖的深厚感情。一到放假，雅克便前来看他，两人又开始进行颇有成效的合作，并把所有的时间都花在了这上面。有时候皮埃尔也去看雅克，因为雅克当时正在奥维涅忙于一项地质绘图工作，他便同雅克一起进行实地勘探。

下面是他对其中的一次勘探的回忆，摘自我们俩结婚前不久他写给我的一封信中：

> 我很高兴同哥哥度过了一段时光。我们远离一切琐事，享受我们习惯的生活方式。我们连一封信都收不到，因为我们每天都不知道第二天将宿于何处。有时候，我觉得我又回到了我们俩生活在一起的那段时光。我们对所有事情都看法一

致，我们甚至都不需要开口就能领会对方的意思，而我们俩性格却是那样迥然不同，这真是让人感到惊讶。

从科学研究的角度来看，必须承认皮埃尔受聘前去物理和化学学校任教，的确耽误了他最初的实验研究。他刚刚开始工作之时，那里什么都没有，一切都要重新开始，就连实验室的围墙和隔板也才刚刚弄好。皮埃尔全面负责实验室的工作，他以严谨细致的态度和独特的方式出色地完成了这项任务。

学生人数很多（每班三十名），对于年轻的皮埃尔来说，在只有一个实验室助手帮助的情况下，带这么多学生做实验本身就非常困难。开头几年无疑相当艰苦，但他所指导的学生们却是受益匪浅，他们取得了很大的进步。

在这段被迫中断自己的实验研究的时期，皮埃尔趁机弥补了自己欠缺的学科知识，尤其是数学方面的知识。与此同时，他开始专注于晶体学与物理学之间的关联的理论研究。

1884 年，他发表了一篇以晶体对称研究为基础的有关增长序和重现的论文。同年，又就同一题目做了一个更加深入的报告。另一篇关于对称与重现的论文于 1885 年发表。同年，他就晶体的形成和不同结晶面的毛细常数发表了一篇很重要的理论文章。

我们可以从皮埃尔发表的这些论文中看出他多么痴迷于晶体的物理特性研究。他在这一领域的理论和实验研究都围绕着一个晶体的基本特性：对称性。他一步步地成功地发现了这一特性，并在1893—1895年在他所发表的论文中最终将其阐明。

以下就是他所提出的这一经典理论：

> 当特定的原因产生特定的结果时，原因中的对称因子应当显现于所产生的结果之中。
>
> 当某些结果显示出某种不对称性时，这种不对称性应当显现于使之产生的原因之中。
>
> 这两种假设的逆命题不一定成立，至少在实际之中是这样的，也就是说所产生的结果可以比原因更加对称。

这个简单而完美的论证的重要性在于，它所引入的对称因子是与所有物理现象相关的，无一例外。

在对自然界中可能存在的对称性的深入研究的指引下，皮埃尔指出了应该如何利用其几何及物理特性，以预见某种现象是否会产生，或者它的产生在所考虑的条件下是不可能的。在一篇论文的开头，他是这样强调的：

1903年的居里夫妇

我认为最好在物理学中引入晶体研究者们所熟悉的对称概念。

他在个研究领域取得了重大的成果。尽管后来转向了其他的研究，但他始终对晶体物理保持着浓厚的兴趣，并且在这一领域不断地酝酿着一些新的研究计划。

让皮埃尔念念不忘的对称性原理是为数不多的重要原理之一，它主导着物理现象的研究方向。它立足于由实验中所获得的观念，但又逐渐从中摆脱出来，成为一种越来越普遍而且完美的理论。因此，热当量和功当量的概念便补充进动能和潜能的当量概念中来，使得使用非常普遍的能的保存原理得以建立。同样，质量保存的原理也从以化学为基础的拉乌瓦齐埃的实验中渐渐地得出来了。通过这两种原理的聚合，一种令人赞叹的综合得以达到一个更高的普遍性的程度，因为已经证明一个物体的质量与其内在的能成正比。对电现象的研究使得里普曼提出了电的保存的普遍原理。根据生热装置的运作构思产生的卡尔诺原理也具有一种极其普遍的意义，使它能够预见各种物质系统的自发变化的最有可能的方向。

对称原理提供着一种可比变化的榜样。对称概念一开始就能通过对大自然的观察来进行验证：如果是晶体化了的矿物质，规律性则更加完美。我们可以看到大自然为我们提供了对称面和对称轴的概念。如果对称面把物体分成两个部分，而每个部分又可以被看作这个面里所反映的另一部分的形象（如同在一面镜子里那样）的话，那么这个物体就具有一个对称面或蜃景面。这几乎就是人和许多动物的外表形象所产生的那样。如果将一个物体沿某一轴线旋转，转到一周的几分之一，这时物体恢复到原来的形状，我们就会说这个物体有一个几阶的对称轴线。例如，一朵整齐的四瓣花，就有一个四阶对称轴线，或四阶轴线。像岩盐或明矾这样的晶体就具有好几个对称面和好几个不同序的对称轴。

几何学教会我们研究一种被限定的形象（如多面体）的对称因子和在这些因子中间发现使它们聚集成堆的一些必不可少的关系。了解这些堆体非常有利于把晶体形式合理地排列成一个数量不多的系，其中每一个系都是从一个简单的几何形式变来的。因此，正八面体就属于与立方体同样的系，因为由对称轴和对称面所组成的堆体在两种情况之下都是相同的。

在对晶体物质的物理属性的研究中，必须考虑这种物质的对称性。这种物质通常都是各向异性的，也就是说，当介质（如玻璃或水）是各向同性（因为在这种情况下，各个方向都是相等的）时，它在各个方向中就没有相同的特性。对光学的研究首先指出了光在一个晶体里的传播依据的是这个晶体的对称因子。对于导热性或导电性，对于磁化，对于极化等来说，也都是一样的。

正是在思考到这些现象的因果关系时，皮埃尔被引导去补足和扩展对称的概念。他认为这种概念对于一个现象出现于其中的介质来说是一种特有的空间状态。为了确定这一状态，必须考虑介质的构成，还要考虑它的运动状态和它所从属的物理因子。因此，一个直圆柱体就具有垂直于它在其介质中的轴的一个对称面以及通过这个轴的无穷的对称面。如果这同一个圆柱体围绕着它的轴旋转的话，第一对称面就存在，但其他的就全都被取消了；如果这个圆柱体还被一股电流纵向通过的话，那任何对称面都保存不住了。

对于任何现象来说，有必要确定与它的存在相容的那些对称因子：在这些因子中，有一些可以与某些现象共存，但它们却并不是不可或缺的。必须确定的则是它们中间的某一些并不存在，是不对称在产生现象。当好几个现象重叠在同一个系中时，不对称就自行增多。

正如上述结论所说的那样，皮埃尔阐释了一种普遍原理，其《论文集》（第三十七页）在对这一普遍原理的研究上，达到了普通性和抽象性的巅峰。如此得来的综合似乎是决定性的，似乎剩下的只是由此而去推论出它所包含的全部发展。

为此，应该确定每个现象的独特的对称性，并把那些对称性分门别类。质量、电荷、温度有着同样的被称为“标量”的对称性，也就是圆球形对称。水流或单向电流具有矢量对称性，属于“极矢量”一类。正圆柱体的对称则属于“张量”一类。所有晶体物理学研究都可以按这种方法加以归类，但在这种方法中，无须指定所研究的现象的具体情形，而只需观察它们的各物理量在几何和解析上的因果关系就可以了。

因此，对电场所产生的极化效应的研究也就等于是在研究两个矢量之间的关系，并列出一组含有九个系数的线性方程式。这种方程式中的各个系数的意义在于，对它们加以修改即可用来表示导体中的电流与电场的关系，或热流与温度梯度的关系。同样，在研究矢量与张量间的普遍性关系时，可以显示出压电现象的各种特性。另外，凡是属于晶体弹性的种种现象也都可以通过两组张量间的关系来决定。不过，这些张量通常需要三十六个系数才能表述出来。

通过这一简单阐述，我们可以了解到自然现象中所有的对称性在理论上的极大的重要性，而皮埃尔以一种明白无误的方式表述了其深刻的含义。有必要在此提及，巴斯德也曾用同样的观点来观察生命，他说："宇宙是一个不对称的整体，因此我相信我们所见到的生命应该受到宇宙不对称作用的影响，或者说我们的生命是不对称性所产生的结果。"

随着他在学校里的工作逐渐步入正轨，皮埃尔可以考虑重新进行自己的实验研究了。但那时的实验的环境却并不理想，他没有自己专用的实验室，就连一间可以让他随意使用的空屋也没有，而且研究经费也毫无着落。在学校工作了好几年之后，多亏舒赞贝格的支持，他才得以每年获得一小笔研究经费。另外，多亏了校长的大力相助，他所需要的实验器材经费能够从学校教学实验室的日常开支中划拨，但那所谓的日常开支经费事实上也少得可怜。至于实验场所，他只能使用一小部分，他不得不使用一些学生们不用的教室来做实验。他还经常在楼梯底下或学生实验室里去做自己的实验。他漫长而卓有成效的磁性研究就是在这种条件之下完成的。

实验条件的落后对于皮埃尔的科学研究显然是不利因素，但也有一些好处：他的学生们有机会参与他的科学研究，跟他一起分享科研的乐趣，他们的关系也因此变得更加亲密。

这时，他重新开始的实验研究是针对“直接称量最微小量的精密天平”这一课题。这些研究在1889—1891年进行。这种天平使用一个测微计，装在天平一臂的顶端，通过显微镜来读数。这种天平装有空气阻尼器，能使天平两臂的摆动迅速停止，然后便可立即读数了。它与传统天平相比大有改进，尤其是它的称量极其快速，而在化学分析实验中称量的快慢直接影响到结果的精确性。因此，这种新式天平对于化学分析实验具有很大的价值。可以说，皮埃尔发明的精密天平的确是开创了天平制造业的新纪元。它的发明并不完全是靠经验，而是他先对阻尼运动进行了一番研究，然后在学生的帮助下绘制出曲线图表，证实了他的推论后，才取得成功的。

1891年，皮埃尔开始对物体在不同温度（从常温到1400℃之间）下的磁性特征进行了长达几年的系统研究。1895年，该研究结果作为他的博士论文在巴黎大学的教师会议上公布出来。皮埃尔以清晰明确的语言阐述了他的研究目的及其结果：

> 物体根据其磁性可分为三类：抗磁性物体、弱磁性物体、顺磁性物体。乍看上去，这三类截然不同。本研究的主要目的在于探究这三种状态之间是否可以进行相互转换，也就是说某一种物质的磁性是否能够在这三种状态之间转换。为此，我研究了不同温度的许多物质，并观察、测量它们的磁性特征。
>
> 我在实验中未能证实抗磁性物质与顺磁性物质在性质上有什么关系，但实验的结果却证实了磁性与抗磁性是由不同性质的原因造成的。相反，铁磁性物质和弱磁性物质却有着密切的关系。

在这项研究中存在着许多实验方面的困难，因为实验要求在温度达到1400℃左右的装置里测量出极微小的力（仅百分之一毫克的重量）。

正如皮埃尔预料的那样，他所取得的成果在理论上具有极其重大的意义。他从中得出了“居里定律”。根据这一定律，物体的磁化系数与它的绝对温度成反比。该定律极其简单，完全可以与盖-吕萨克的“理想气体的密度与其温度成反比”定律相媲美。1905年，保尔·朗之万所发表的著名的磁学理论就采用了皮埃尔的这一定律，并且从理论上进一步证实了抗磁性与顺磁性的不同起因。朗之万的研究以及后来的P.魏斯的重要研究都完全证明了皮埃尔所得到的结果是十分精确的。此外，皮埃尔还发现了磁化强度与流体密度之间相关性，即物质的顺磁化状态与气态类似，而铁磁化状态则类似于凝聚状态。

皮埃尔在这项研究工作中，尽力探索那些他认为可能存在的尚不为人所知的新现象。他试图寻找一种很强的抗磁性物质，但并未成功。他还试着探究是否存在一种能传导磁性的物质，以及磁性是否能像电荷一样呈自由状态存在。关于这些问题，他也没有得到确定的结果。他从未就这些研究发表过任何论文或报告，因为他总是全身心地投入真相的探寻中，也经常无功而返，但他只是热衷于对于未知世界的探索，而并不是为了著书立说。

正是因为拥有着对科学研究纯粹的激情，他没想过将自己最初的研究成果用来完成博士论文。当他下定决心把刚完成的磁性研究方面的见解颇深的成果集中起来作为博士论文时，他已是三十五岁的中年人了。

他进行博士论文答辩时的情景，我至今都记忆犹新。由于我们当时已经是很好的朋友，他邀请我去参加他的答辩会。评委由布蒂教授、里普曼教授和奥特弗耶教授组成。旁听者有他的朋友以及他的父亲。他父亲为自己儿子所取得的成就而倍感骄傲。我记得皮埃尔的答辩既简洁又明确，有条有理，深受评委们的赞赏。在答辩过程中，皮埃尔与教授之间的对话，让我觉得自己在参加一个物理学的讨论会。我清楚地记得，那一天，小小的教室承载了无数令人兴奋的人类思想的精髓，我被深深地打动了。

1883—1895 年的这段时期内，我们可以看到皮埃尔作为实验室主任在学术上的成就。在这些年间，他成功组建了一个全新的教学场所，发表了一系列重要的理论性文章和一流的研究报告，制作了一些十分精确的测量仪器。而他所完成的这一切，都是在设备不完善、经费不足的情况下进行的。因此，我们可以认为他克服了青少年时期的怀疑与犹豫，规范了自己的研究方法，充分调动了自己非凡的才能。

他逐渐得到国内外学术界的尊重。在物理学会、矿物学会、电气工程师学会等学术团体的会议上，他常常把自己的研究成果拿出来与他人交流，并在各种科学问题的讨论中积极发表自己的看法。

居里夫人参与第一届索尔维会议

在这一时期高度评价他的外国科学家中，首先可以举出英国著名的物理学家开尔文爵士。他在一次科学讨论会上与皮埃尔进行了交流，自此，他就一直赏识皮埃尔的才华。开尔文爵士在他的一次巴黎之行期间，参加了物理学会的一次会议。会上，皮埃尔谈到带有保护环的标准电容器的构造和使用。他主张把保护环里的中央圆板用电池充电，而保护环则与地面连接，这样就可以把另一块电板上所感应的电荷作为计量用。尽管这种构造使电线的空间分布十分复杂，但它的感应电荷却可以用静电学中的定理加以计算。这一过程中所运用的公式与普通电容器在均匀电场中所运用的公式一样简单。另外，按照皮埃尔的办法，电容器的绝缘性能更佳。一开始，开尔文认为皮埃尔的推论不精确，但是，第二天，他不顾自己的高龄，亲自来到皮埃尔的实验室拜访这位年轻的实验室主任，同皮埃尔展开了讨论。后来，他完全信服了，并且很高兴地称赞皮埃尔推论得非常正确。

我们感到惊讶的是，皮埃尔尽管成绩斐然，但十二年间一直担任着一个小小的实验室主任。这是因为在学校里，没有得到有权有势的人帮助，是很容易被人忽视的。另外一个原因是，他不愿为了升迁而四处活动，所以，他只能屈就此职，每月的工资与一个体力劳动者的相差无几（大约三百法郎）。这些薪水让他可以勉强维持简单的生活，但他一直没有放弃自己的研究工作。

他曾在给我的一封信中这样描述当时的感受：

> 有人告诉我说，学校的一位教授也许要辞职，而我可以去申请接替他的职位。去这样谋取职位真是一件让人头疼的事。我实在是不习惯做这种事情。我认为这么干，这么去听别人说三道四，真是对一个人灵魂的最大的玷污。我很遗憾跟您谈及这种事。

如果说皮埃尔不喜欢强求晋升的话，那么他更不求荣誉声望。涉及名誉、奖赏这些问题，他的态度尤其坚决。他不仅不相信它们有任何的用处，还认为它们有百害而无一利。对于一个完全出于热爱去做一件事情的人而言，追求荣耀必然会对他所要实现的那个崇高目标造成极其恶劣的影响。他的道德观真诚而崇高，他的行为举止与他的思想保持着一致。舒赞贝格曾想提议给皮埃尔授予共和国一级教育勋章，尽管获此殊荣会带来不少的好处，但他仍旧婉言谢绝了。他在给校长舒赞贝格的信里写道：

> 我获悉您再次举荐我获取这一殊荣，在此，我诚恳地请求您千万别这么做。如果您坚持这么做，那么我只能回绝您的这番好意，因为我已下定决心不接受任何荣誉。我恳请您千万别因此而让我贻笑大方。如果您是想向我表示您的关怀，那么您以前尽力让我无后顾之忧地从事研究工作已是对我莫大的关怀了，这远胜于为我去争取虚名。但对此我仍不胜感激。

皮埃尔从没违背自己的信念。1903 年，政府曾经准备授予他荣誉勋章，但也被他婉言谢绝了。不过，尽管他并不愿为自己的晋升四处活动，但在 1895 年，他还是获得升迁。法兰西学院知名物理学家马斯卡尔教授感叹于皮埃尔的才华，并且听到开尔文爵士对他的高度评价，便向舒赞贝格竭力保荐，聘请皮埃尔为物理和化学学校的物理学教授，使他的才华得以充分地发挥。但是，在这一时期，皮埃尔的科研环境并没有因此而得到任何的改善。

第四章

生活与品德

我第一次遇见皮埃尔是在1894年的春天。当时我住在巴黎，已经在巴黎大学就读了三年，并且已经通过了物理学科的学士考试，正在准备数学学士学位的考试。与此同时，我开始在里普曼教授的实验室从事科学研究。一位我认识的波兰籍物理学家十分欣赏皮埃尔，一天，他邀请我和皮埃尔去同他们夫妇共度周末。

当我走进客厅时，皮埃尔正伫立在通向阳台的落地窗旁。我觉得他看上去十分年轻，尽管那时他已经三十五岁了。他脸上飞扬的神采以及不经意间流露出的微小神情打动了我。他说话慢条斯理，但都经过深思熟虑。他态度率直，淳朴的笑容中带着些许青春活力，而且充满激情和自信。我们很快就谈得十分投机了。一开始，我们讨论了一些科学问题，我很乐意在这些问题上听取他的想法。之后，我们又谈论了一些共同感兴趣的社会问题、人类问题。我们俩虽然国籍不同，但对事物的看法却惊人地相似，想必是因为我们俩成长的家庭环境有着相似的道德观。

后来，我们在物理学会和实验室再次相遇，然后他便请求我允许他来拜访我。我当时住在学校附近的一幢楼房的七层，由于我当时经济条件有限，住的房间很小，而且条件简陋，但我仍然满心欢喜，因为我已经实现了多年的夙愿，能够在科学方面进行深造。皮埃尔登门拜访，见到我的生活环境竟然如此恶劣，对我表示了真诚的关怀与同情。这之后，他经常跟我提及他愿终生为科学研究而奋斗的梦想，并请求我能与他共同分享这种生活。但是，我一时还很难做出决定，因为这将意味着我要与我的家庭、我的祖国分离，并放弃对我来说非常重要的社会责任。我在惨遭蹂躏之下的波兰的浓重的爱国主义氛围中长大，我想像许许多多祖国的青年人一样，竭尽全力地为弘扬民族精神而贡献自己的力量。

假期一开始，我离开巴黎回到了波兰父亲的身旁，我们俩的事也就此搁下了。在分隔两地的这段日子里，我们之间仍然保持着书信来往，维系着彼此间的感情。

1894 年夏天，皮埃尔给我写了一些颇有文采、热情洋溢的信。这些信都不长，因为他习惯了言简意赅，但是他的每一封信都诚心诚意地表达了他对我的一片深情，希望我能成为他的终身伴侣。我对他的文字功底十分钦佩，没有谁能像他那样三言两语就把一种精神状态或一种境况表达出来，而且是用一种十分简朴的方式讲出事情的本质，给人以难忘的印象。他的信有几段我在这本书中已经引述过了，其他的我将在后文中引述。下面我先把他殷切希望我能成为他的妻子的几段引述一下：

我们已经彼此承诺过（不是吗？）至少相互间要保持一种伟大的友谊。但愿您没有改变初衷！因为口头承诺并不能算数，而这种事又是无法强求的。

然而，这是一件多么美妙而令人难以置信的事啊！我盼着我们能相依相偎地在我们的梦想中度过一生！不仅有您报效祖国的梦想，也有我们为人类谋幸福和科学之梦。在所有这些梦中，我认为科学之梦是最有希望实现的。我是说，我们无力改变社会现状，即使有这种可能，我们也不知道究竟应该怎么做。如果单凭一时想象而对其没有深刻认识的话，说不定不但起不到好的作用，反而阻碍了社会的发展。相反，在科学领域却不同，我们是可以有所作为的。对于这一领域我们有明确而清晰的认识。我们心里清楚，尽管属于我们的领域很狭小，但它确实是在我们的掌握之中。

我强烈建议您 10 月份返回巴黎。如若您今年不回巴黎，我将会非常痛苦。这不是出于一个朋友的私心才叫您回来，我真心地认为您在这儿学习更加有利，并且能够完成更加实在有用的工作。

从这封信中，我们可以清楚地看出，对于皮埃尔来说，他的未来就只有一条路。他早已把自己的生命献给了他的科学梦。他需要一位与他一起实现这同一个梦想的伴侣。他不止一次地跟我说，他之所以直到三十六岁都还没有结婚，是因为他之前根本不相信会有一桩婚姻可以完全契合他的这一梦想。在二十二岁时，他曾在日记中这样写道：

女人比男人更喜欢为了生活而生活。天才的女人非常稀少。当男人被某种神秘的爱情所驱使，想要进入某种反自然的道路时，当我们全神贯注于自然奥秘时，就不得不与女人斗争。而这种斗争似乎永远是不公平的，因为女人会以生活和本能的名义扯住我们的后腿。

另外，从所引述的信中，我们可以看出皮埃尔坚定不移地相信科学，相信科学有着造福于人类的无穷力量。巴斯德说："我坚定不移地相信科学与和平将战胜愚昧和战争。"巴斯德与皮埃尔的观点可以说如出一辙。

这种认为科学可以解决一切问题的信念使得皮埃尔很少参与政治。受其教育与信念的影响，他崇尚民主思想和社会主义思想，但并不受任何党派理论的支配和控制。他像他父亲一样，热衷于承担公民应尽的义务。无论是在公众生活中还是在个人生活里，他反对使用暴力。他在给我的一封信里写道：

如果有这么一个人，想用头去撞一堵墙，为的是把它撞倒。您对此人有何看法？这种想法可能是为了一种非常美好的愿望，但真的这么做起来，那就荒唐而且愚蠢至极了。我认为某些问题需要用一般的方法加以解决。而今天，不可用极端的方法去解决，人们一旦走上一条没有出路的道路的话，就可能干出许多荒唐的事来。我还认为当今世界没有正义，强权政治，或者说经济强国才可能胜出。有些人为了生存耗尽全力，却仍然过着悲惨的生活，这是令人非常气愤的事情，但是，并不是你一气愤，这种事情就消失了。这种情况可能会消失，因为人就是一种机器，从经济观点来看，让一部机器在正常状态而不是强制状态之下运转，才是上策。

他觉得对待自己的内心应该如同对待外界事物一样，需要一种清晰明确的认识。他一向认为最重要的是忠于自己真正的意愿，同时又尊重他人的观点。他尽管尽量地迁就他人的意愿和感受，将矛盾缩小到最低限度，但仍然常常感到苦恼。他在给我的一封信中写道：

我们大家都是感情的奴隶，都是我们所喜爱的人的成见的奴隶。我们也还得谋生，因而不得不变成机器的齿轮。最让人难受的是，我们必须向我们生活的这个社会的种种偏见做出让步。让步的多寡则取决于你自觉强大还是弱小。如果你让步得不够，你将被碾得粉碎。如果你过分退让，你就是个卑鄙小人，你就会对自己感到厌恶。今天，我早已远离了十年前所遵循的原则。那时候，我认为凡事都得遵循原则，对周围环境绝不做任何让步，人应该如同展示其优点一样，将缺点一同展现出来。

这就是那个自己无钱无势，却渴望着与他所遇见的同样一贫如洗的女大学生结成连理的人的思想状况。

假期归来之后，我们之间的情谊日见深厚，双方都明白对方就是自己最适合的终身伴侣。于是我们决定结婚。1895 年 7 月，我们举行了婚礼。按照我俩共同的意愿，婚礼仪式极其简单。我们并没有采取宗教形式的婚礼，因为皮埃尔不信仰宗教，而我自己也不是教徒。皮埃尔的父母对我表示了最诚挚的欢迎，我父亲和姐姐前来参加了我的婚礼。他们很高兴能认识这个我将要成为其中一员的家庭。

婚后，我们一开始住在一个非常简朴的公寓里，这是一个位于格拉西埃尔街的三居室，离物理和化学学校不远。这个公寓最大的优点是朝着一个大花园。家里只有一些简单的家具，都是从皮埃尔父母家里搬来的。由于经济条件有限，我们没有雇用人，所以我几乎得包下全部的家务活儿，幸好我在学生时期已经习惯了这种生活。

皮埃尔作为教师每年薪水只有六千法郎。我们认为他不应该做任何兼职，最起码开始时不应该去做兼职。而我也正在准备年轻女子教师资格的考试，通过考试之后我就可以获得教师资格。1896年，我通过了考试。我们完全围绕着我们的科学研究来安排日常生活。白天，我们都待在实验室里。舒赞贝格允许我陪在我丈夫身边一起工作。

当时，皮埃尔正埋头于当时令他非常着迷的晶体形成的研究。他想知道晶体的某些面是因为生长速度不同，还是因为溶解度不同而造成特殊的生长状况。他很快便获得了一些有意思的研究结果（相关研究报告并未发表），但后来因为要进行放射性的研究而不得不中断了对晶体的研究，他常常为此感到遗憾。这一时期，我正忙着进行淬火钢磁化作用的研究。

皮埃尔在学校教学时备课非常认真仔细。他所教授的是一门新开课，并没有课程内容方面的相关规定。开始时，他把他的课分为两部分——晶体学和电学。后来，他越来越觉得对于培养未来的工程师来说，电学理论课显得非常重要。于是他专门讲授电学理论，而且成功地把这门课列为正式课程（一共分为二十课时左右）。在当时，他的这门课算得上是巴黎大学最完整、最先进的课程了。为了讲好这门课，他付出了巨大的努力。这是我每天亲眼所见的。他总是对种种现象、理论与观点的演变做出形象而全面的阐释，务求讲解明晰、精确。他一直考虑要把自己的讲义编订成册，但终因事情太多，几年来一拖再拖，最终未能如愿。

我们一直相处得非常亲密融洽，因为我们俩对很多事都有着共同的兴趣，包括理论工作、实验室的实验、备课或备考等。十一年的夫妻生活中，我们几乎没有分开过，所以这一时期我们只有只言片语的信件往来。节假日，我们总是徒步或骑车远足，或是在巴黎郊区的乡间田野，或是去海边或山里。皮埃尔心里总是惦记着工作，很难在一个没法工作的地方多待一段时间。只要在一个地方闲待上几天，他就会说：“我觉得我们已经好久什么也没干了。”相反，他对一连几天外出郊游还是挺感兴趣的，每次都玩得非常开心。我们俩一起去郊游，同他从前与他哥哥一起玩时一样快乐而兴奋。即便如此，游玩的时候他仍然时常思考着科学研究问题。就这样，我们跑遍了塞樊纳地区、奥弗涅山区、法国的海滨以及几个较大的森林。

在大自然的怀抱之中，你会觉得处处都是美景，令人难以忘怀。在一个阳光明媚的日子里，我们在长时间的攀登之后，气喘吁吁地来到奥布拉克高山草甸。那里空气清新，满目碧绿。还有一次令我印象深刻的经历：一天傍晚，我们流连在特吕埃尔山谷，忽然传来一首民歌小调，接着见到一只小船渐渐驶近，又顺水而下，歌声也渐渐远去，我们恍若置身于人间仙境，乐而忘返，直到翌日清晨才回到住处。归去途中，突然见到一辆马车驶来，拉车的那两匹马被我们的自行车吓到，飞奔起来。我们赶忙下了大路，穿过翻耕过的田地，走了很久，到了高处，才又回到大路上来。这时，月亮似有似无，太阳即将喷薄而出，牛栏中的奶牛睁着温驯的大眼睛一本正经地看着我们。

春天的贡比涅森林同样令我们着迷。那里一片绿叶浓荫，望不到尽头，林间长满长春花和野葵，美不胜收。枫丹白露森林边缘、鲁安河畔对于皮埃尔来说也是赏心悦目的去处。我们喜欢布列塔尼海边的平静氛围以及那长满一片片金雀花和欧石楠的田野，它一直延伸到菲尼斯代尔海角；海角犬牙交错，伸入永远在侵蚀它的汹涌波涛之中。

后来，我们的孩子出世了，我们不能再去远游，就选择在一个固定的地方度假。我们尽量简单地生活，与偏僻村庄里的居民相差无几，别人几乎认不出我们来。我记得有一天，一位美国记者在普尔杜村见到我们时，被我们当时的模样弄得瞠目结舌。我当时正坐在屋前的石台阶上，忙着倒空鞋里进的沙子。他愣了一会儿，顺势坐在我的旁边，掏出记事本，开始记录我对他的提问所做出的回答。

皮埃尔的父母与我建立起了最真挚的感情。我们经常前往苏城去探望两位老人。在那里，皮埃尔婚前所住的房间永远空着，等待我们去住。我同皮埃尔的哥哥雅克·居里及他的小家庭（他已经结婚，并且有了两个孩子）也相处得很好，我始终将他看作我自己的哥哥。

我们的大女儿艾莱娜于1897年9月出生。女儿出生后没多久，皮埃尔痛失了他的母亲。于是，他父亲便搬来同我们一起生活。我们当时住在巴黎克勒尔曼大街108号，那是一所带花园的房子，位于蒙苏里公园附近。我们一直住在那里，直到皮埃尔不幸去世。

孩子的出生，给我们的研究工作带来了巨大的困难。我不得不腾出更多的时间操持家务。幸好，我可以把女儿交给非常愿意照看她的爷爷。家里增加了人口，又得请保姆，所以我们不得不动脑筋开源节流。然而，连续两年，我们的家庭经济状况都未见改善，因为我们一直在忙着研究放射性的问题。直到1900年，情况才见好转。但那是牺牲了我们原本可以用来搞科学研究的时间换来的。

我们把一切社交应酬都排除在我们的生活之外。皮埃尔对这类应酬有着一种抑制不住的厌恶。无论是年轻时还是后来，他都不愿意拉关系、托人情。他生性严肃，少言寡语。他宁可一个人思考问题，也不愿与别人闲聊。但是，他跟小时候的朋友们却关系密切，同时也与对科学有兴趣的朋友经常联系。

朋友中，与皮埃尔关系最为密切的是里昂理学院的古伊教授。他同皮埃尔的交往始于两人同在巴黎大学做助教的时候。后来，他们经常通信讨论科学问题。每逢古伊在巴黎短暂停留时，他们俩便经常在一起，讨论个没完。位于塞弗尔的国际度量衡标准局的现任局长纪尧姆也是皮埃尔的老朋友。他们俩经常在物理学会相见，有时两人还在星期天去塞弗尔或苏城见面。后来，在皮埃尔身边还聚集了一些更年轻的朋友，他们都同他一样从事物理和化学研究，属于这两门科学中最前沿领域的研究者：他在放射性研究上的合作者和亲密朋友德比埃纳；他在 X 射线研究上的合作者乔治 · 萨涅克；他以前的学生，后为法兰西学院教授的保尔 · 朗之万；现为巴黎大学物理化学系教授的让 · 佩兰；曾经的物理和化学学校学生，现为巴黎大学化学教授的乔治 · 乌尔班。他们这些人时常到克勒尔曼大街我们的幽静住所来拜访，大家聊起最近的或将来的实验，讨论新的思路和新的理论，对当代物理学的飞速发展都感到振奋。

许多人在我们家聚会的情况不太常见，皮埃尔不喜欢这样。他认为少数几个人聚一聚更加轻松自在。除了一些学会会议以外，其他会议他很少参加。偶尔参加了人数比较多的聚会，如果谈话内容他不感兴趣的话，他就躲在一个安静的角落，独自继续他的思考。

我们与家里的亲戚来往也不多。我们双方的亲戚本来就很少，而且又离得太远。但是，只要是我的亲戚来巴黎或是在假期里前来看我，皮埃尔对他们都非常亲切和蔼。

1899 年，皮埃尔和我一起前往奥地利管辖下的波兰，我们来到喀尔巴阡山度假。我的一个姐姐住在那儿，她嫁给了德鲁斯基大夫。她本人也是学医的。他们俩在那儿管理着一家大型疗养院。皮埃尔尽管不太喜欢学外语，但因为很想了解我所熟悉的一切，便想要学波兰语。我并不是非常鼓励他学波兰语，因为我觉得这种语言对他并没有什么用处。不过，他对我的祖国的命运非常同情，认为将来一定会重新建立起一个自由的波兰。

在我们两人的共同生活中，正如他所希望的那样，我逐渐地了解了皮埃尔，并且也越来越能够深入了解他的思想。他比我们结婚时我所希望的更好。他非凡的才能令我对他的崇敬日益增加。他思想境界如此之高，我有时觉得他是世上绝无仅有的人——常人在自己和他人身上常常看到的缺点，在他身上却毫无踪影。

想必这就是他身上散发出的无穷魅力之所在，与他相处，不可能感觉不到这种魅力。他那沉思的神情以及直率的眼神有着巨大的吸引力，而他和蔼可亲、温柔的性格越发增加了他的吸引力。他常说自己一点儿也不争强好胜，这话倒是不假。你很难同他发生争吵，因为他从不生气。他经常面带微笑地说："我不怎么容易生气。"如果说他的朋友不多，那他也没有一个敌人，因为他从不伤害别人，就连无心的伤害都未发生过。但也没人能强迫他背离自己的行为准则。因此，他父亲就老说他是个"温柔固执的家伙"。

他在表达自己的看法时，总是率直坦诚的，因为他深信外交方式般的沟通是愚蠢而幼稚的，而直截了当才是既简单又上乘的交往方式。所以，他的天真率直是出了名的，其实他这么做是经过深思熟虑的，而不是出于本能。也许正是因为他懂得自我评判、自我反省，他才完全能够清晰地看出他人的行为动机、意图和想法。如果说他有意忽视一些细枝末节的话，那他在本质问题上是很少出错的。他常常在心里存着他的坚信不疑的判断而不说出来，但是，一旦认为说出来更好而决定说出来的时候，他便会毫无保留地说出自己的看法。

在科学界的朋友中，他从不尖刻，不为自尊心和个人情感所左右。他为所有成功的实验感到高兴，即使是在他所擅长的领域里其他科学家取得的成功。他常常说："我虽没有发表研究成果而别人发表了，那又有什么关系呢？"他认为在科学上，大家应该关心的是科学研究本身而非从事研究的人。他反对任何形式的竞争，就连中学里的会考或排名次的方法以及授予荣誉证书的做法，他都坚决反对。对于那些他认为有能力从事科学事业的人他从不吝赐教，而且总是大加鼓励。这其中有一些人至今仍对他怀着深深的感激之情。

如果说他的处世态度是已达到人类文明巅峰的一个精英态度的话，那他的行为举止则是一个真正的好人的行为举止。由于他所受的教育的影响，他总是以随和的态度与宽容之心待人。他总是尽可能地帮助任何一个身陷困境的人，并愿意为此而花费他宝贵的时间，这对他而言是最大的牺牲。他的无私是发自内心的，从不张扬，因为他认为钱财除了保障你拥有一个简单的生活以外，就是用来帮助他人和满足自己所热爱的工作之需的。

最后，我不知该如何描述他对他的亲朋好友的爱。他的朋友并不多，但一旦成为他的朋友，你会发现他的友谊是最忠实可靠的，因为它是建立在双方共同的思想观念的基础上的。他对他哥哥的手足之情以及对我的爱是多么难能可贵呀！他温情脉脉，让人感到无比幸福甜蜜。在他的温情关怀下真是幸福至极，因而一旦失去了这份爱会让人感到尤其残酷。我还是引用他自己的一段话来表达他对我的一片深情吧：

> 我想念你，你就是我全部的生命，我多么希望你能够给我一些新的力量。我感觉当我如同现在这样，在把思想集中在你身上时，我的脑海中就能出现你的身影，就能看到你的一举一动，就能让你感觉我此刻已全部属于你了，但我却没能看见你出现在我的眼前。

以上是在一次短暂的分别时，他给我写的信里的一段。

我们对自己的身体状况都不太有信心，对在艰难的环境中体力是否支持得住也不太有把握。如同深知共同生活之宝贵的人们常常会出现的情况那样，我们时不时地会害怕有悲剧发生。每逢这种时候，他总是凭着自己的勇气说出同样的话语：“无论发生什么事情，哪怕是一个人成了一个没有灵魂的躯体，另一个人也必须继续努力工作下去。”

第五章

镭的发现

正如我在前文中提到的，1897 年，皮埃尔正在进行晶体生成的研究。而我在暑假开始时，也完成了淬火钢的研究，并因此获得一笔数额不大的国家工业奖励协会提供的补贴金。9 月，大女儿艾莱娜出生了。我身体恢复之后，回到实验室继续工作，准备我的博士论文。

1896 年，亨利 · 贝克勒尔发现了一个奇特的现象，这立刻引起了我们的关注。当时，伦琴发现的 X 射线让许多物理学家开始探究荧光物质在阳光照射下是否能够发射出与其类似的射线。在这个研究思路下，亨利 · 贝克勒尔在研究铀盐时，竟然发现了一个意想不到的现象：

铀盐可以自发地发射出一种性质独特的射线。这便是放射性的发现。

亨利·贝克勒尔当时所观察到的现象是这样的：把铀盐放在用黑纸包裹得严严实实的照相底片上，在暗处放上几天，结果底片上会显出影像来，与在日光照射下所获得的影像近似。这种显影是铀射线穿过黑纸造成的。这种铀射线能够像 X 射线一样，使验电器周围的空气电离变成导电体，使验电器放电。

亨利·贝克勒尔坚信，铀盐这种特性与将其放在暗处的时间长短无关，即使把它在暗处放上数日，其放射性的特性依然存在。那么接下来的问题就是：这种能量究竟来自何处？尽管这种能量微乎其微，但它却是不断地从铀盐中放射出来的。

我们觉得研究这个现象很有意思，尤其是这是一个全新的研究领域，人类对此几乎一无所知。我决心就这一问题展开探究。

进行研究必须有合适的实验场所。皮埃尔获得校长的批准，把学校一楼的一间装有玻璃门窗的屋子腾出来让我使用。这间屋子原先是一间储藏室兼机修间。

要对贝克勒尔所观测到的结果做进一步的研究，必须使用精确的定量测量。对这一现象最适的测量方法便是对铀射线在空气中产生的传导性进行计量。上述这种现象叫作电离作用，X 射线也有这种现象，而 X 射线的主要特性便是从电离现象中获知的。

为了测量铀盐辐射经过空气时，使空气离子化而产生的极其微弱的电流，我利用了皮埃尔和雅克兄弟发明的仪器，即利用静电计的一极与电离作用引起的微小电流相连，而另一极与压电石英晶体所得到的电量相平衡，从而计量出极微小的电流。所以，我们需要的仪器设备包括：一个居里静电计、一块压电石英晶体以及一个电离室。电离室由一个平板电容器组成，其高压极与静电计相连，而低压极涂有薄薄的一层需要计量的物质，再加上一定数量的电压。很显然，底层潮湿狭小的环境并不适合使用这种仪器设备。

我的实验结果证实了铀盐的放射性是可以准确测量的，而且这种放射性是铀元素的原子特性之一，其放射性的强度只与化合物中铀的含量成正比，而不受其化学分子式以及外界环境的影响，比如光照和热辐射等。

接下来，我开始研究是否还存在其他一些也具有放射性的物质。于是，我把当时已知的所有元素，无论是纯元素还是其化合物全都分析研究了一遍。结果，我发现只有钍的化合物能放射出与铀相类似的射线。钍的放射性强度与铀处于同一水平，而且钍的放射性也是它的特性。

到这时候为止，需要为铀和钍等物质所显示的新的特征确定一个名称。我建议用“放射性”这一名字，随后，这一名称便被广泛使用。具有放射性的元素继而被称为“放射性元素”。

我在研究的过程中，不仅有机会分析研究了一些简单化合物，如各种盐和氧化物，而且还分析了一些矿物质。我发现，一些含有铀和钍的矿物质也具有放射性，不但如此，它们所具有的放射性似乎很不正常，其强度比铀或钍所具有的要强很多。

这种反常现象令我们十分惊讶。当我肯定这不属于实验的错误时，便下定决心为这种反常现象找出合理的解释。于是，我假设在含有铀和钍的矿物中含有少量的另一种元素，它的放射性比铀或钍的放射性更强。这种元素不可能是人们已知的元素，因为我们对已知元素都做了分析研究，所以，这大概是一种新的化学元素。

我迫不及待地想尽快证实我的这种假设。皮埃尔对这个问题也饶有兴趣，他把他的晶体研究搁置下来——他起初还以为这只是暂时搁置——同我一道寻找这个新的元素。

我们选取了一种名叫沥青矿物的含铀矿石进行研究。它在纯净状态下的放射性比铀强四倍。因为这种矿石的成分经过精确的化学分析后已经被掌握了，所以我们可以期待从中至少可以找到百分之一的这种新元素。后来，我们确实是在研究中发现了铀沥青矿物中含有一种新的元素，但其含量极其微小，还不到百万分之一！

我们所使用的方法是以放射性现象为依据的新化学分析法。先用普通的化学分析法将沥青铀矿中的各个组成部分分离开来，然后再在合适的条件下，计量各个组成部分的放射性。用这种方法，我们就可以了解到一部分分析出来的放射性元素的化学特性，了解到这种放射性元素在一部分物质中的浓度在增强。不久，我们又发现未知的放射性元素主要集中在两种不同的化合物中，因此我们认识到在铀沥青矿石里，至少有两种未知的新放射性元素，于是我们便分别将它们称为钋和镭。1898年7月，我们宣布了钋的发现；同年12月，我们又宣布了镭的发现。

尽管研究进展很快，但是这项研究还没有完成。我们认为，这两种新的放射性元素肯定是存在的，但是要让化学家们认可，则必须把这两种新元素分离出来。但是，在我们所获得的放射性非常强（比铀强数百倍）的化合物中，钋和镭的含量却微乎其微。钋与铀沥青矿石中所提取的铋相化合；镭则与钡相化合。我们已经获知用何种方法可以将钋和镭从铋和钡的化合物中分离出来，但是进行这种分离需要大量的铀沥青矿石。在这一阶段，我们进行研究的条件严重不足——地方狭窄，资金缺乏，人员短缺，使得研究工作举步维艰。

铀沥青是一种昂贵的矿石，我们无力购买足够的矿石供研究之用。这种矿石的主要产地在波希米亚的圣约阿希姆斯塔尔，奥地利政府在那儿开了一个矿，用来开采铀矿石。根据我们的推测，在提炼完铀之后抛弃的矿渣中一定会有镭和一部分的钋，而当时，这种矿渣被视为废弃物。多亏了维也纳科学院的帮助，我们没花多少钱便购得了好几吨的矿渣用来作为实验材料。一开始，实验的花费都是我们自掏腰包，后来逐渐得到一些政府补助和私人资助。

但更严重是实验场所的问题，我们不知道什么地方可以用来进行实验，后来不得不在一个和我放置静电仪器的房间相邻的废置的仓库里进行实验。这是一间木头搭的棚子，沥青地面，棚顶是玻璃的。由于年久失修，它早已破旧不堪，一到下雨天就四处漏雨。木棚子里只有几张破旧的松木桌子、一只起不了多大作用的铸铁取暖炉和一块黑板，皮埃尔总喜欢在黑板上写写算算。化学反应经常产生有毒气体，但是木棚子里并没有通风排气设备，所以有时不得不将实验搬到院子里去做。但是，一遇上刮风下雨，就只好待在棚子里做实验，把窗户全都敞开。就是在这间破旧的棚子里，我们发现了镭。

在这个暂时的实验室里，我们在几乎没有帮手的情况之下一做就是两年。我们俩一边对矿石进行化学分析，一边研究我们所获得的放射性物质。后来，我们得到的放射性物质逐渐增多，我们不得不分头工作：皮埃尔继续研究镭的放射性，我则专注于对矿石的化学分析，以便提取纯净的镭化合物。我要处理的原材料经常一次多达二十千克，弄得木棚子里到处堆放着装满液体和沉淀物的大容器。要搬动它们，或是往里面加液体，或是几个钟头不停地用大铁棒搅动铁锅里沸腾的铀沥青矿渣，都是非常辛苦的工作。我从矿石中提炼出含有镭的钡化合物（其成分为氧化钡）之后，再利用分步结晶法进行分离、提取。最后，镭元素全部集中到最难于溶解的化合物中。必须使用非常精密的操作方法，才能完成这个结晶过程。而这在木棚子里是很难实现的，因为里面灰尘、煤烟太多，不可能不影响结晶的纯净度。

一年后，我们获得的结果清楚地表明，提取镭元素比提取钋元素要容易，因此我们便集中力量先提取镭元素。我们对提取出来的镭盐进行了测定其放射性能力的研究。我们还将这些镭盐的一些样本借给了好几位科学家使用，比如亨利·贝克勒尔。

1899—1900 年，皮埃尔和我共同发表了一篇关于发现镭所产生的放射性的论文。之后，我们又发表了另一篇关于放射线效用的论文，比如光效、化学效用等。还有一篇是论述放射线所携带的电荷的问题。最终，结合上述几篇论文，我们发表了关于新的放射性物质及其放射性的总结报告。

1900年，皮埃尔在物理学会大会上做了关于利用他所发明的压电石英对于放射性强度的测量方法的报告。除此之外，他还发表了一篇关于磁场影响放射线的研究报告。

我们以及其他几位科学家在这段时期所取得的主要成果，使人们认识了镭放射出的射线的性质，而且揭示出了这些射线属于三种不同的范畴。镭放射出放射性微小粒子束，其运行速度极快，其中的一些带正电，构成α射线；另一些更小的带负电的粒子，构成β射线。这两组射线在运动过程中都受到磁场的影响。第三组射线由γ射线组成，不受磁场的影响。今天，我们知道它是与光和X射线相似的一种射线。

让我们尤为感兴趣的是曾经观察到我们所获得的含镭丰富的化合物都能自行发光。皮埃尔曾希望它们是五颜六色的，却没有想到它们具有发光的特性，这大大地超出了他的预料。

1900年，物理学会年会给我们提供了机会，让我们向国外的科学家们仔细地介绍了新发现的放射性元素的最新研究成果。这种新发现的放射性物质成了此次大会参与者们关注的重点。

由于这种意想不到的发现，我们这一时期全部的精力都投入这个出现在我们面前的新领域中了。尽管研究条件不尽如人意，我们仍然感到十分幸福快乐。我们整天待在实验室里，午饭也就随便凑合一下。在我们的破旧木棚子里，洋溢着宁静平和的气氛。有时候，在观察实验或等待实验结果时，我们便在木棚子里一边来回走动，一边谈论着目前的研究结果与下一步的研究计划。当我们感到冷的时候，便倒一杯火炉上烧着的热茶用来取暖。我们脑子里想着的全都是实验研究，仿佛生活在梦境之中。

有时候，吃完晚饭，我们还会回到木棚里看上一眼。我们珍贵的成果没地方储藏，全都摊放在桌子上和木板上。从各个角度看过去都能看到它们那微微发光的身影，似乎是悬浮于黑暗中的幽幽亮光。每次见到他们，我们都感到无比激动和迷恋。

原则上，学校没有给皮埃尔派助手。不过，皮埃尔在当实验室主任时有一个助手帮助他进行实验操作。现在，只要他有时间仍旧会过来帮忙。他名叫佩蒂，是个忠实可靠的人，对我们很有感情，也很愿意助我们一臂之力。他非常希望我们的实验能够获得成功。由于有他

玛丽·居里

的帮助，我们省了不少事。

一开始，只是我们自己在做放射性研究。后来，任务量不断增加，越来越需要找人合作了。1898 年，学校的一位实验室主任贝蒙临时和我们一起工作过。1900 年左右，皮埃尔认识了安德烈·德比埃纳。他是一名年轻的化学家，弗里代尔教授的助教，教授对他的评价很高。在皮埃尔的提议下，安德烈·德比埃纳欣然同意参加放射学的研究。我们当时怀疑有一种新的放射性元素可能存在于铁族和稀土族元素中，于是便让安德烈专门从事这方面的研究。最终他发现了新元素——锕。尽管他的这一研究是在巴黎大学让·佩兰教授领导下的理化实验室完成的，但他经常跑到我们的木棚实验室来，不久便成了我们十分亲密的朋友中的一个。后来他还成了皮埃尔父亲以及我的孩子们的朋友。

大约在同一时期，一位名叫乔治·萨涅克的年轻物理学家在对 X 射线进行研究。他经常来我们的实验室同皮埃尔进行讨论。他认为 X 射线和它所产生的射线以及放射性物质所产生的射线之间，可能有着相似之处。他提议对此加以研究，于是他们俩便一起对那些射线所携带的电荷进行了研究。

除了我们的合作者之外，我们很少在实验室里接待别人。只有一些物理学家和化学家间或来我们这里。他们或是来参观，或是来向皮埃尔求教。当时皮埃尔在物理学的多个领域已经颇有名气。他们一来，就到黑板前面进行讨论。这种讨论至今仍让人回味无穷，因为它既能激发人们对科学的兴趣，让人奋进，同时还能激发出人们的想象力，帮助大家积极思考。这样的讨论并不会扰乱实验室原本宁静的气氛。

第六章

缺乏关怀下的奋斗

尽管我们一心想把全部精力投入实验研究中，在生活上尽量节俭，但是，到了 1900 年左右，还是迫于经济压力不得不想办法增加一些收入。皮埃尔对于在巴黎获得一个更高的教职并不抱太大的希望，尽管这些职位薪水也并不算高，但至少可以满足一个无其他经济来源但对物质要求并不高的家庭的生活所需。因为他既没有进过巴黎高等师范学校，也没有上过巴黎高等综合工艺学校，因此缺少这类重点大学对其毕业生的支持，而这种支持往往是决定性的。根据他在科学界所取得成果，本来很有希望得到的一些比较好的职位，但却总是被别人捷足先登，根本没有人认为他是适合的人选。1898 年年初，巴黎大学物理化学课程的教师职位因主讲教授萨莱的去世而出现空缺。皮埃尔去申请这一教席，但却未能成功。这让他坚信自己无缘升迁了。1900 年 3 月，他终于得到了巴黎高等综合工艺学校的辅导教师的职位，但他在这个职位只干了半年。

1900 年，我们突然收到一个意外的好消息：日内瓦大学聘请皮埃尔担任物理学讲座教授。日内瓦大学校长以极其诚挚的态度向他提出了这一邀请，并强调学校已为聘请皮埃尔这样一位非常有名的科学家前来任教做好了准备。这一职位的好处在于薪资比平均水平高很多，并且学校还将为皮埃尔专门建立一个物理实验室，以满足我们的科研需要。同时，他们还聘请我负责该实验室的工作。这个建议当然值得我们好好考虑。于是，我们便去日内瓦大学参观了一下。在那里，我们受到了极其热烈的欢迎。

下决心前往日内瓦大学对于我们来说是一件大事。日内瓦大学向我们提供了丰厚的物质待遇，还有如同田园生活般宁静的环境。皮埃尔很想去，但是考虑到镭研究正处于关键时刻，他最后还是婉言谢绝了。他很担心环境的变化会干扰我们的镭研究。

正在这时候，巴黎大学的物理、化学及自然史课程——大家所熟知的 P.C.N. 课程——的教授一职出现空缺。皮埃尔提出了申请。亨利 · 普安卡雷不想让皮埃尔离开巴黎，在他的鼎力相助之下，皮埃尔最终获得了这一职位。与此同时，我也接受了塞弗尔女子高等师范学校的聘请，讲授该校的物理课。

于是我们便留在了巴黎，收入也有了提高。但是，我们的研究工作却面临着巨大的困难。皮埃尔有两个教学任务，而 P.C.N. 是一门大课，学生人数很多。繁重的教学任务让他感到非常疲惫。而我必须付出许多时间准备塞弗尔女子高等师范学校的课程，同时还得负责该校的实验课程。但当时学生们的实验能力非常欠缺。

皮埃尔在巴黎大学拥有了新职位，但他并未得到专门的实验室。他只有一间小小的办公室和一间供他使用的工作间而已。这个工作间在巴黎大学的一幢附属建筑物内，位于居维埃街 12 号。尽管如此，皮埃尔还是坚定不移地继续他的研究工作。事实上，当时他的放射性研究取得了巨大的进展，他在巴黎大学担任了新职位，于是便挑选出一些学生指导他们进行研究。他开始四处奔走，努力争取大一些的实验场所。凡是做过这类申请的人都十分清楚其中的艰辛：行政审批、财政问题等阻碍重重，你不得不一次一次地写信，四处登门拜访并提出申请，但总是以失败告终。这一切都让皮埃尔感到厌倦而沮丧。除此之外，他还不得不经常穿梭于学校和被我们用作实验室的物理和化学学校的那个木棚之间。

除了上述的这些困难之外，我们此刻的研究工作还必须运用工业手段来处理我们所使用的稀缺的原材料，否则很难取得进展。幸亏我们想出了一些权宜之计并有一些自愿相帮的人，这一问题总算得到了解决。

早在 1899 年，皮埃尔成功地组织了第一次工业处理实验，使用的是化学品研究中心提供的一种临时装置。他在制作精密天平时曾与该中心有过联系。对工业方法提炼镭的实验，他与德比埃纳在技术上做过细致的研究，所以正式实验时效果很不错。由于这种化学实验要求操作过程特别小心细致，所以必须培养一些专业人员。

在我们的研究工作的带动下，国外也开始了一些类似的实验。皮埃尔对此的态度是绝对大公无私、慷慨大度的。他征得我的同意，决定不从我们的发现中获取任何的物质利益，所以我们没有申请任何专利，而且毫无保留地公布了我们研究的全部成果以及提炼镭的方法。另外，我们还向那些对此有兴趣的研究者提供了他们所需要的所有资料。这对于镭工业的发展起到了很大的促进作用，使其在国内外得到了飞速的发展，它为科学家和医生提供了他们所需要的产品。制镭工业直到今天仍然采用我们当时所用到的方法。

尽管我们采用的工业处理原材料的方法取得了不错的效果，但是受限于我们的资源，我们的实验工作很难继续进行下去。一位名叫阿尔梅·德·里斯勒的法国企业家对这个实验很感兴趣，他计划兴建一座大型制镭工厂，向医生们提供这种产品。这在当时可谓是一个十分大胆的想法。他对放射性对生物的影响非常感兴趣，而且被当时发表的许多关于放射治疗的研究报告所激励。由于雇用了曾经在我们这里接受过培训的人承担这项精细的工作，他的这一计划得以成功实行。此后，镭正式在市场上销售，而且价格非常昂贵。这是因为其制作过程特别复杂，而且原材料的价格也立即被抬高。

我要在此衷心感谢阿尔梅·德·里斯勒主动地向我们提供了帮助，慷慨地把他的工厂的一小块地方划归我们使用，还资助了一笔经费让我们开展研究工作。其他的研究经费是我们自筹或来自官方津贴。其中最多的一笔是1902年由科学院提供的，高达两万法郎。

这样，我们便可以从一点一点积攒起来的沥青铀矿中提炼出一定量的镭，以供我们研究之用。由原矿石中提炼含镭的钡盐的过程是在工厂里进行的，而我则负责在实验室里的精炼和部分结晶的工作。1902年，我成功地提炼出一分克的纯氯化镭，因而得到了镭元素的光谱。我第一次测出了镭元素的原子量，其数值大大高于钡的原子量。这样，镭成为一种化学新元素就被确认了，不再有人对此提出疑问。

就此，我于 1903 年完成了我的博士论文。

后来，实验室提炼出镭的数量逐渐增加。1907 年，我便可以对镭的原子量做第二次更加精确的测定。测出的结果为 225.35，所采用的镭原子量为 226。之后，我与德比埃纳一起提炼出纯金属镭。我提炼出的镭总共一克多一点。在皮埃尔同意后，它们全部被存在实验室里以便使用。

纯净镭的放射性远远高于我们原先的估计。在同样重量下，纯净镭的放射性比铀的放射性高出一百万倍。以此类推，铀沥青矿石中所含的镭和铀的比例大约是三分克比一吨。这两种物质之间关系非常紧密，总是在矿石中同时出现。今天，我们得知矿石中的镭是铀衰变而成的。

皮埃尔教授 P.C.N. 课程的那几年，对他来说是极其艰难的时期。他必须处理众多的琐事才能胜任这项系统的工作，而他又是个专注于一份工作才会觉得快乐的人。由于课程太多，体力消耗太大，他常常感到浑身疼痛难忍。

对他来说，迫切需要的是减轻教学任务，节省体力，以便恢复身体健康。因此，当巴黎大学矿物学讲座教授位置出现空缺时，他便决心申请这一职位。事实上他完全有资格胜任这一职位，因为他在这方面有很深的造诣，还发表过关于晶体物理方面的重要论文。但是，他的申请却未能成功。

就在这一艰难时期，他却凭借超乎常人的努力完成好几项研究并发表了研究结果。在这些研究项目中，有的是他独自做的，有的是与人合作完成的。这些项目主要包括：感应放射性研究（有些是与德比埃纳合作的，有些是与达纳合作的）；镭射线与X射线在电解质液体中引起的导电性研究；镭射气的衰减律及镭射气与其沉淀物的放射性常数的研究；镭释放热量的发现（与拉波德合作）；镭射气在空气中漫射的研究（与达纳合作）；温泉产生的气体的放射性研究（与拉波德合作）；镭射线的生理学影响的研究（与亨利·贝克勒尔合作）；镭射气所引起的生理学反应的研究（与布萨尔和巴尔塔扎尔合作）；决定磁性常数的仪器简介（与什纳沃合作）。

上述都是针对放射性的基础研究，涵盖面非常广泛。其中有好几项是针对镭射气的研究。这是镭产生的一种奇特气体，镭所具有的强烈的放射性大部分都是由它产生的。皮埃尔经过深入研究揭示了这种镭射气能自行衰变，直至消失。其衰变过程遵循一定的规律，不受外界的任何影响。今天，一般用细小的玻璃瓶来收集镭射气，医生们常用它来治病。从技术角度来看，使用镭射气比用镭元素本身进行治疗更加方便。医生们使用镭射气时，必须查阅相关图表，以了解其每天的衰减量。镭射气虽然被密封于细小的玻璃瓶里，但并不能避免其发生衰减。有一些矿泉水因为能够治疗疾病而名声大振，正是因为其中含有少量的镭射气。

在所有的研究中，以镭可以产生热量的发现最为惊人。虽然从表面上看没有什么变化，但它每小时所产生的热量足以融化与其本身重量相等的冰块。如果确保其热量不向外面流失的话，镭自身的温度可以高达10℃，高于它周围空气的温度。这种现象与当时的科学实验数据是完全不同的。

最后，我不能不提及关于镭的生理影响的各种实验研究。

为了验证吉塞尔刚刚发表的研究结果，皮埃尔将自己的手臂暴露在镭的照射下长达几个小时。结果，皮肤受到的伤害就像被灼伤一样。伤口向四周扩展，好几个月之后才愈合。亨利·贝克勒尔曾将一支装着镭盐的玻璃管放在西服背心口袋里，也意外受到类似的灼伤。他来告诉我们此事时，又喜又怒地嚷叫道："我真是对它又爱又恨！"

皮埃尔在了解了镭的生理影响如此之大后，便着手与医生们合作进行动物实验。这些实验研究即是放射性治疗方法的起点。开始，实验用的镭都是皮埃尔提供的，用以治疗狼疮以及其他一些皮肤病。就这样，医学上的重要分支——放射性疗法，便在法国诞生。后来经丹洛斯、威克汉姆、多光尼西、德格莱等法国医生的研究，这一疗法得到了进一步发展。

与此同时，国外也在积极开展放射学研究，新的发现不断地涌现出来。许多科学家按照我们发明的新的化学分析法积极地寻找其他放射性元素。由此，人们很快地发现了现在医学上被经常使用并且得到大规模工业制造的新钍，以及放射性钍、镤、锕等物质。如今，我们已经知道了三十多种放射性元素，其中有三种是射气。而镭在这三十多种放射性元素中仍占据着最重要的地位，因为它的放射性很强，而它的衰变在长达几年的时间内都十分缓慢。

在放射学这门新学科的发展过程中，1903 年是特别重要的一年。这一年，镭的研究刚刚结束，皮埃尔对这种新发现的化学元素进行研究之后，发现一个惊人的现象：这种新元素能够散发出热量，而其表面却没有任何损伤。在英国，拉姆塞和索迪也宣布了一个重大发现：他们观察到镭可以持续不断地产生氦气，这就说明原子肯定是可以变化的。如果把镭盐加热到其熔点后密存于完全真空的玻璃管里，然后再对其进行加热，使它放出少量的氦气。释放出的氦气可以很容易地通过光谱特性加以确认。通过反复进行这个重要的实验，镭可以放出氦气的论断完全得到了证实。该实验结果向我们提供了放射性元素原子可以变化的第一个例证。当然，我们无法控制这种变化，但完全推翻了之前原子不可改变的理论。

将我们刚刚获知的以及我们以前所知的情况结合起来，经吕特福和索迪的综合概括，提出了一种放射衰变的理论。该理论今天已被大家所接受。根据这一理论，任何放射性元素，哪怕其表面上没有任何变化，其内部都在自行衰变。衰变越快，其放射性越强。

放射性原子的衰变有两种方式：一是原子本身发射出一个速度极快且带有正电的粒子，即α射线；二是原子本身发射出我们在现代物理学中所熟悉的电子，即β射线。电子在速度不太快时，其质量仅仅是原子量的一千八百分之一，但当它的速度接近光速时，其质量将会大大增加。任何放射性原子，无论是以哪一种方式衰变之后，剩下的原子就与原来的原子不再相同了。剩下的原子还会继续衰变，一直到它不再具有任何放射性，成为一个稳定的原子为止。

因此，α射线和β射线都是由原子分裂而来的。γ射线则不同于α射线和β射线，它是原子衰变时所产生的一种类似于光的辐射线。这些射线的穿透性都很强，近年来一直被用于疾病治疗。

放射性元素有好几族，每一族的放射性元素均由其前一个元素衰变而来。每一族中的原始元素都为铀和钍。我们尤其可以证实，镭是铀的衰变产物，而钋是镭衰变以后形成的。既然每个放射性元素都是由其母体衰变而来的，自身又可以通过衰变形成其他的放射性元素，那么，这些元素与其母体并存时，其数量就不会超过一定的比例。正因为如此，在原始矿石中，镭与铀的数量有着固定的比例。

放射性元素的自行衰变过程按照一个被称为“指数定律”的规律进行。根据这一定律，每一个放射性元素减少到它原来的重量的一半所需要的时间被称作“半衰期”，而每一个放射性元素的半衰期是固定不变的。知道了半衰期，就可以完全确定其元素种类，绝不会有错。各个放射性元素的半衰期都不尽相同，而测定的方法也各有不同。铀的半衰期为几十亿年，而镭的则约为一千六百年，其射气的周期则不到四天。在由镭射气直接衰变来的元素中，有的半衰期甚至都不到一秒钟。这种“指数定律”有着深远的哲学意义，它表明衰变是一种概率事件。衰变的原因至今还是一个谜，我们尚不清楚是原子外的偶然情况造成的还是内部的不稳定性使然。总之，直到目前为止，不论用任何外在干预措施都不会对这种变化产生有效的影响。

在放射性领域的不断发现，推翻了之前我们所熟知的物理及化学界一贯遵循的许多科学观念。这些发现一开始还受到质疑，但后来大部分科学家都满怀热情地承认了它们。与此同时，皮埃尔在国内外名声大振。1901 年，法国科学院授予了他拉卡兹奖。1902 年，以前曾多次给予他极其宝贵支持的马斯卡尔鼓励他去申请法国科学院院士。这对皮埃尔而言并非易事，因为他一向认为院士的选拔不应该有任何预先人选或接受任何私下游说。但最后，经马斯卡尔再三地好意相劝，以及科学院的物理所全体同仁也声明要一致推荐他成为院士，他才下定决心提出了申请。但他的申请却没能成功。直到 1905 年，他才最终被接纳为院士。不幸的是，这之后不到一年，他就遭遇车祸身亡了。

1903 年期间，皮埃尔和我应英国皇家学会的邀请，一同前往英伦做关于镭的报告。当时我们受到了热烈的欢迎。他很高兴在伦敦见到了开尔文爵士。开尔文爵士一直非常欣赏皮埃尔。当时他虽然年龄很大了，但仍然非常痴迷于科学事业。这位著名的科学家经常得意扬扬地向别人展示皮埃尔送给他的装着镭盐的玻璃瓶。我们还见到了其他一些著名科学家，比如克鲁克斯、拉姆塞、德瓦等。皮埃尔与德瓦合作发表了一篇关于镭在低温条件下释放的热量以及镭盐产生的氮气的研究报告。

几个月后，伦敦皇家学会授予皮埃尔和我戴维奖章。几乎与此同时，我们两人与贝克勒尔共同获得 1903 年度诺贝尔物理学奖。鉴于我们的健康状况，我们未能参加 12 月份在斯德哥尔摩的颁奖仪式，直到 1905 年 6 月，我们才前往瑞典首都领取了这一奖项。皮埃尔在颁奖仪式上发表了讲话。我们在那儿受到了热烈的欢迎，并观赏了瑞典夏季的美丽风光。

获得诺贝尔奖对我们而言是一件相当了不起的大事，因为这个新成立的诺贝尔基金会（1901 年成立）具有崇高的威望。而就经济方面来说，即使是一半的奖金，其数额也是很大的。这之后，保尔·朗之万替代了皮埃尔在物理和化学学校里的教学职位。朗之万是皮埃尔的一个学生，也是一位很有才华的物理学家。皮埃尔聘请了一名助教，帮助他进行实验研究。

然而，媒体对这件令人开心的事情大肆宣扬，我们很快便感到了不堪重负，我们对此既不习惯又无心理准备。每天来访者不断，信件如雪片般飞来。既有来约稿的，也有邀请我们做报告的，搞得我们疲惫不堪，也因此浪费了许多宝贵的时间。皮埃尔是一个随和的人，不善于回绝别人的请求。但是他也很清楚，这样下去不仅体力不支，而且很难保持清醒的头脑，研究的思绪也会因此而受到严重干扰。他在写给纪尧姆的一封信中说："他们不断地请我写文章、做报告，如果一年一年就像这样过去了，就连那些请我写文章、做报告的人也将惊讶地看到我竟然在这些年什么正经事都没有干。"

在这同一时期，他在写给古伊的几封信里是这样描述自己的感受的：

如您所见，此刻幸运眷顾了我们，但是，幸福的来临总是伴随着无尽的烦恼。我们还从未像现在这样被搞得不得安宁。有些日子我们甚至连喘气的工夫都没有了。可我们都是曾经梦想着远离人群，过着自在生活的人呀。

1902 年 3 月 20 日

亲爱的朋友：

我早就想给您写信了，请原谅我并没有这么做。全部的原因都是我此刻过得如此荒唐愚蠢。您已经看到了，现在镭受到多么高的推崇，一时之间带给我们带来了种种好运，让我们变得很有名气。世界各国的记者和摄影师到处跟着我们：他们甚至把我女儿同保姆的谈话都作为新闻来报道，他们甚至详细描述我们家养的黑白花猫的长相。还有不少人跑来请我们捐款。索要签名者、趋炎附势者和上等人更是不计其数。有时甚至还有一些科学家找上门来，弄得我们本来宁静的实验室乌烟瘴气。而且，我每天晚上还得回复大量的信件。我被这些事情弄得整天恍恍惚惚，一无所获。假设由此可以让我获得教授的职位或者一间实验室，那还不算白忙活。但说实话，教授的事已在计划之中，而实验室一时半会儿却还是没影儿的事。我倒是宁愿反过来，先给我安排一间实验室更好。但里亚德院长却认为应乘这个有利时机先建立一门新的课程，而且暂时没有明确课程内容，这与法国学院的一门课相似。这样一来，我每年都得调整教学计划，那对我来说将会是一件很麻烦的事。

1904 年 1 月 22 日

我不得不放弃瑞典之行。您都看到了，这完全打乱了我们当初与瑞典科学院约定的安排。说实在的，我的身体实在太差了，稍稍累一点儿都受不了。我妻子的健康状况同我的一样。我想都不敢想过去的那些进行繁忙的研究的时日了。

说到研究工作，我现在什么也没做。每天讲课、指导学生、安装仪器设备，还得应付那些找上门来却又没什么要紧事的人，弄得我到头来什么有用的事也没做成。

1905 年 1 月 31 日

我亲爱的朋友：

我们非常遗憾您今年没能前来我们家，但愿10月能见到您。如果不时常见一见，我们很可能就会失去那些最要好的、最亲密的朋友了，而整天只与一些不相干的人为伴，唯一的理由就是这些人更容易见到。

我们仍旧是整天被一些没意义的事填得满满的。我已经一年多没有做研究了。我没有一点儿属于我自己的时间。很明显，我尚未找到防止我们的时间被弄得支离破碎的办法，可我必须找到它。理智地讲，这是有关生死存亡的大问题。

1905年7月25日

我要讲的课程明天正式开始，可实验室还完全没有准备好。上课的教室在巴黎大学校园内，实验室却在居维埃街。另外，还有很多其他课程也在这间教室里进行，我只有一个上午的时间可以用这间教室来备课。

我的身体虽然不算太糟，但也不是很好，我总觉得浑身乏力，就连做实验的力气都没有了。我妻子则不一样，她倒总是精力充沛。除了照顾两个女儿外，她去塞弗尔女子高等师范学校教课，还要去实验室做实验，非常忙碌。她每天有大半天待在实验室指导实验，这比我可强多了。

1905 年 11 月 7 日

尽管如此，通过我们共同的努力，我们仍同以往一样过着简单而远离尘嚣的生活。1904 年年末，随着二女儿的出生，我们的家庭又增加了新的成员。艾娃·德尼斯出生在我们位于克勒尔曼大街的寓所里。皮埃尔的父亲一直同我们住在一起，而家里来往的朋友也不多。

大女儿在长大，开始成为她父亲的一个小伙伴。皮埃尔很关心她的教育，而且一有空就带着她去散步，尤其是在假日里。他常常跟她讨论一些严肃的问题，回答她提出的所有问题，而且很高兴地看到她的思维能力越来越强。在两个孩子很小的时候，她们感受到了父亲的关爱，皮埃尔总是理解她们各种幼稚可爱的想法，并且尽量给予她们他所能给的最好的爱。

随着皮埃尔在国外的声望越来越高，他在法国也受到了应有的尊崇，虽然姗姗来迟，但总算是来到了。四十五岁时，他已跻身法国最优秀的科学家的行列。然而，在教师的职位上，他的地位仍然不高。这种不正常的状况引起公众的不满。舆论的力量促使巴黎科学院院长里亚德提出在巴黎大学创建一个新的教授职位。在 1904—1905 学年度里，皮埃尔被授予巴黎大学理学院的教授头衔。一年后，他正式离开了物理和化学学校。他之前在那里的职位由保尔·朗之万接替。

巴黎大学为他新设立的教授职位也给他带来了不小的困难。他们开始的计划只是开设课程但并没有分配专用的实验室。这就意味着这个新的职位有可能让他失去现在所使用的实验室，虽然这个实验室条件很差，但失去它对皮埃尔而言也是无法接受的。于是，他给上级写信，决定不接受新的职位而情愿继续教授 P.C.N. 课程。他的态度很坚决，最终他获得了成功：巴黎大学除了为他创立了一个新的教授职位之外，还给他划拨了经费，用来创建实验室以及聘请工作人员（包括一名主任、一名助教和一名实验室助理）。实验室主任由我担任，皮埃尔对这个安排非常满意。

将要离开物理和化学学校，我们难免感到恋恋不舍。尽管条件艰难，但我们曾经在那里进行了实验研究，度过了幸福的时光。我们的那间木棚实验室尤其让我们割舍不下。这间木棚在我们离开之后存在了好几年。我们之后还时常回那里看看。后来，学校为了修建新校舍，不得不把它拆掉了，不过我们还是留了几张它的照片。拆毁的那一天，忠实的佩蒂通知了我。我独自跑去见它最后一面。黑板上仍然留存着曾经是这个木棚的灵魂的那个人的笔迹，角落里也还留有他的痕迹，而现实却是那么残酷，我真想再次看到那个高大的身影，再次听到那熟悉的声音。

尽管大学委员会通过了创办新课程的决议，但是并没有考虑同时创建一个实验室，而实验室却是进一步研究放射性这门新科学所不可或缺的。皮埃尔仍旧留着P.C.N. 的那个小实验室，并且还借用了学校里的一个独立的大教室，又在院子里搭建了拥有两个房间的小屋和一个工作间用来进行实验。

一想到这是法国对皮埃尔的最后的照顾，不免让人感到唏嘘。一个二十岁便崭露头角的法国一流科学家却连一个像样的可供实验研究用的实验室都没有，听起来简直不可思议。当然，如果他能多活几年，他迟早会拥有令自己满意的工作条件的。但是，在他四十七岁英年早逝时，却仍然未能如愿，这难道不让人痛心疾首吗？一个为了伟大的事业而无私奉献的科学家，因为条件所限而不能实现自己的科学梦，岂不令他抱憾终生？国家的巨大财富——它的优秀的孩子的才华、毅力和勇气——就这么无可挽回地浪费掉了，回想起来真是让人痛心！

皮埃尔一直想拥有一个像样的实验室。1903年，由于他在科学界声名鹊起，领导们迫于压力要求他接受荣誉骑士勋章[①]，被他坚决地回绝了。他像上次写信给物理和化学学校校长谢绝教育棕榈奖章[②]一样，也写信谢绝了荣誉骑士勋章。我把他这封信中的一段话引述如下：

> 请代为向部长表示谢意，并请转告部长先生，我不需要任何的奖赏，只求能给我一个我所急需的实验室。

皮埃尔被聘为巴黎大学教授之后，需要准备开设一门新课。讲课范围很广，课程内容由他自己确定。他有充分的自由对教材进行选择。他便利用这个很好的机会重新回到了自己所喜爱的课题，把一部分教材内容选定为对称性定律、矢量和张量场研究，并把这些概念运用到晶体物理学中。他努力充实自己的讲课内容，使他的这门课能够成为晶体物理学的一个完整的课程。因为当时在法国很少有人懂这一课题，所以这门课程显得更加有用。除此之外，他还教授放射学，并阐述在这一新领

---

① 荣誉骑士勋章是法国政府颁发的最高荣誉勋章，由拿破仑创立，原来主要用于在战争中立下功勋的法国公民，后来成为法国的国家级最高荣誉。

② 教育棕榈奖章是法国学术界、教育界的最高荣誉勋章，由议会主席埃德加·富尔于 1955 年 10 月 4 日设立。

域里的科学发现以及这些发现所带来的科学革命。

虽然他备课十分繁忙，而且身体状况欠佳，但仍然继续在实验室里工作。此时，实验室的管理工作逐步走上正轨，规模也扩大了一些，他可以接收几个学生一起做研究。他与拉波德合作，研究矿泉水以及泉水中释放的气体的放射性，并发表了研究报告，这也是他最后的一份研究报告。

此时，他的才华已经达到了登峰造极的程度。我们非常钦佩他对物理学理论的见解之深邃和精辟，以及他演绎之中肯和对基本原理理解之透彻。在对大自然的种种现象进行观察时，他天生就具有超凡的能力，再加上他毕生从事实验研究，使得他有着令人叹服的独到见解。他就像一位艺术家一般对待试制的精密仪器，并乐此不疲。我有时因此取笑他，说他半年不弄出个新仪器就浑身难受。他好奇心强而又富有想象力，这使得他能够同时涉足不同的领域，改变研究课题时能够得心应手，而其他人却很难做到这一点。

对于他所发表的研究报告，他总是以严谨、一丝不苟的态度来对待。研究报告即使十分完美，他仍旧要以审视的目光字斟句酌。哪怕有一点儿不清楚的地方，他都必须修改得无可挑剔才肯罢休。下面是他在这一点上的说法：

> 在对未知现象的研究中，我们可以先做一些一般的假设，然后根据实验去一点一点地向前推进，这种按部就班而又稳妥可靠的办法当然是效果缓慢的。相反，我们也可以做出一些大胆的假设，先确定产生这种现象的机理。这种方法的优点是可以设想某些实验，特别有利于推论，将抽象的概念变得形象化。反之，通过实验结果来寻找一个复杂理论，那是很难想象的。精确的假设虽然有一部分正确性，但必然也存在着一些错误。即使存在这一部分正确性，也只不过是一般性的见解而已，之后还必须回过头重新审视它。

尽管他总是毫不犹豫地提出一些假设，但在它们被证实无误之前，他绝不会贸然发表。他绝不允许自己仓促地发表研究报告，而总会找少数几位研究人员事先进行讨论。当放射性研究正在科学界如火如荼地进行时，他却想要暂时搁置这方面的研究，重新拾起他中断了的晶体物理学的研究。另外，他还想要对许多其他理论问题进行分析研究。皮埃尔讲课时精益求精、认真负责，他认为无论是对课程标准的要求还是讲课的方法，都应该以与实验和大自然的接触作为基础。当学院教授委员会成立时，他力图让同仁们接受自己的观点，并发表声明："科学教育应该是男子中学和女子中学的主修课程。"但是，他又说道："这样的提议是不会获得通过的。"

此时正是皮埃尔的生命中硕果累累的时期，可惜却接近了尾声。正当他期盼着今后的工作不会再像先前那么步履维艰时，他辉煌的科学生涯却戛然而止。

1906年，皮埃尔因为身体过度疲劳而感到不适，便跟我和两个孩子一起前往什弗勒兹山谷去过复活节假期。这两天假期美妙而温馨。在和煦的阳光的照耀下，在亲人的陪伴下，皮埃尔心情舒畅，身体也得到了恢复。他与两个女儿在草地上嬉戏，与我谈论着我们的现在与未来。

回到巴黎，他前去参加物理学会的一次会议和晚餐会。席间，他坐在亨利·普安卡雷身边，同他就教学方法谈论了很久。当我们徒步回家时，他仍旧在继续谈论他理想中的文化，我对他的看法表示赞同，他显得很高兴。

第二天，1906年4月19日，他去参加巴黎大学理学院教授委员会会议。他同教授们诚恳地谈论了委员会的目标和方针。会议结束后他走出会场，正穿过多菲纳街的时候，从新桥方向驶来一辆运货马车，把他撞倒在地。车轮从他头上碾过，导致他脑骨碎裂，当场死亡。

一个卓越的人就这么逝去了，人们在他身上寄予的科学希望也随之破灭。在他的书房里，他从乡间采摘回来的水毛茛依然盛开，而主人却一去不复返了。

第七章

民族的悲痛

我不想在此过多描述皮埃尔的不幸逝世带给我们家庭的伤痛。从我之前的叙述中，不难想象出，他对于他的父亲、他的兄长和他的妻子来讲是多么重要。他是一位负责任的父亲，深爱着自己的两个女儿，总是愿意花时间陪伴她们。两个孩子当时年纪还太小，无法意识到降临在我们家庭的这场悲剧。她们的祖父和我强忍着心中的悲痛，尽力让她们的童年不会因这场灾难而蒙上阴影。

这个噩耗令法国及世界其他国家的科学界惊愕不已。巴黎大学的校长、院长们以及教师们纷纷写信来表示沉痛的哀悼，国外的一些科学家的唁电信函也纷纷传来。皮埃尔在公开场合少言寡语，但仍给公众留下了深刻的印象，具有很高的威望。我从收到的大量私人寄来的信件中，深深地体会到他的去世给人们带来的悲痛。这些来信的人中有我们熟悉的朋友，但也有很多我们完全不认识的人。与此同时，新闻界也发表了大量的文章，表达了深切的惋惜与悲痛之情。法国政府也发来了唁电。有一些国家的元首也以个人的名义发电表示沉痛的哀悼。法国的一颗光芒四射的星星陨落了，举国上下都因为国家的这一重大损失而沉浸在悲痛之中。

我们遵照逝者的遗愿，丧事一切从简。我们把他的遗体安葬在苏城小墓园的家族墓穴中，既没有举行官方仪式，也无悼词。只有几位友人将他的遗体送往安葬地。当他哥哥雅克想到将与他从此永别时，对我说："他是个绝无仅有的天才，无人可与之相提并论。"

为了保证将皮埃尔尚未完成的工作继续下去，巴黎大学理学院让我接替他的工作。我十分荣幸地接下了他留下的这副重担，盼着有一天能够创建他朝思暮想而终未如愿的实验室，使其他人可以利用它来实现自己的梦想，作为对他的深切缅怀。多亏了巴黎大学和巴斯德研究所的共同倡议，得以创立一个镭研究所，让这一愿望得到了部分的实现。该镭研究所内设两个研究室——居里研究实验室和巴斯德研究实验室，旨在研究镭射线的物理化学特性和生物效用。通向镭研究所的那条街更名为皮埃尔·居里街，以表达对皮埃尔的敬意与怀念之情。

然而，该研究所仍然无法满足需要，因为放射学及其在医学上的应用一直在飞速发展。现在，最有权威的那些人也一致认为法国必须建立一个与英国和美国水平相当的镭研究所，以使放射学能够更好地得到临床应用，因为放射治疗已经被认为是治疗癌症最有效的办法。希望在慷慨而开明的人士的赞助之下，一个规模庞大、设施完备、无愧于我们国家的镭研究所能够在几年之后建立起来并发展壮大。

为了缅怀皮埃尔·居里，法国的物理学会决定出版他的论文全集。这部全集由朗之万主编，一卷六百页左右。1908 年，该论文集出版，我为它写了序言。这部单卷本论文集题材广泛、内容丰富，忠实地展示了皮埃尔的思想精髓。通过它我们可以感受到他丰富的想象力、建立在详尽的实验结果基础上的清晰明确的科学结论，可以说无可挑剔，堪称经典。只可惜他未能把自己的全部才华都展现其中。他没有运用自己那科学家和作家的才情来著书立传。并不是他不想这么去做，他在这方面甚至还有过不少的计划，可惜都未能付诸实践，因为他的研究工作总是困难重重，无暇顾及其他。

现在，让我们回头再来看一看我写的这个传记。我试图追忆一个不屈不挠地追求自己的理想的人，他默默无闻地以自己伟大的人格、纯洁的信念与过人的天赋为人类谋求幸福。他肩负着为人类开辟全新的道路的使命。他坚信自己有一个崇高的使命需要完成。他青少年时期的梦想驱使着他不断前行，让他走上了一条不循规蹈矩的新的道路——他称之为“反自然”的道路。因为这条路对他来说意味着必须放弃舒适的生活。然而，他坚决地让自己的思想与欲望服从于自己的梦想，而且慢慢地让自己全身心地融入其中。他坚信科学与理性所具有的强大的力量，所以他一生都在寻求真理。他既没有偏见也不固执己见，在研究过程中总是能够平等地对待自己和他人的见解。他从不追求功名利禄，淡泊权位与荣誉，也从不与人为敌。他严于律己，其卓越的精神面貌使他成了任何文明时代都有的精英人物中的一员。同历代精英们一样，他能够通过自身的内在力量对他人产生巨大的影响。

应该知道，这样的生活需要多么大的牺牲精神。伟大的科学家在实验室里的生活并非像许多人想象的那样，是一首田园诗。事实上，它经常要与艰苦的环境、内心的欲念进行艰巨的斗争。一个伟大的发现并不是从科学家的头脑里凭空想象出来的，像智慧女神密涅瓦从朱庇特

晚年的居里夫人

的脑子里突然冒出来那样[1]，它是科学家进行日积月累的辛勤工作才获得的劳动成果。在取得丰硕成果之前，必须经历无数充满痛苦煎熬的日日夜夜。在这期间，经常会怀疑自己是否永远也无法取得成功，不免会沮丧失望。在这种情况之下又必须鼓起勇气，继续坚持下去。皮埃尔在他的科学研究中从未丧失信心，但也会偶尔对我说："我们所选择的生活真是够艰难的。"

但是，对于这些才华横溢的科学家，对于他们为人

① 密涅瓦，罗马神话中的智慧女神。传说她是从父亲——罗马神话中的天神朱庇特劈开的脑子里出生的。此处比喻在大脑里凭空想象的事物。

类所做出的伟大贡献，我们的社会又给了他们什么样的回报呢？这些追求理想的人，他们拥有自己必不可少的工作条件吗？他们生活是否没有后顾之忧？从皮埃尔以及其他许许多多的科学家的身上可以看到，他们完全不具备应有的工作条件与生活保障。为了争取勉强说得过去的研究条件，他们往往要先为日常琐事消耗自己的青春年华和全部精力。我们的社会物欲横流、充满奢靡之风，它不懂得科学的价值，不懂得科学是最宝贵的精神财富，也不太清楚科学是人类进步的基础，它能够为人类生活减轻负担、减少痛苦。政府与私人的慷慨捐赠到现在为止都还没有给科学以必要的支持与资助，以使科学家们得以完全有效地进行研究。

在结束这篇传记之前，我想引述巴斯德的令人赞叹的呼吁：

> 如果对人类有益的发明创造能够打动您的心的话，如果您在电报、摄影术、麻醉术以及其他许许多多的发明面前感到惊叹的话，如果您认为这些奇异的发明让别的国家占了先机，因而感到嫉妒的话，那么我恳求您对我们称为实验室的这些神圣的地方多些关心吧。要求增加实验室吧，呼吁完善它们的仪器设备吧。它们是未来的圣

殿，是财富和幸福的圣殿。人类的日益强大，人类生活的不断改善，全都源自那儿。人类在那儿学会读懂大自然的杰作，进步的、宇宙和谐的杰作，而大自然的这些杰作往往又是凶残的、疯狂的以及具有毁灭性的。

但愿巴斯德的这番至理名言能够深入人心，使得为人类谋求幸福的先驱者们将来在新的领域开垦“荒地”时，不再像今天这样艰苦。